创业者过度劳动的形成与影响研究

马慧琼　著

企业管理出版社
ENTERPRISE MANAGEMENT PUBLISHING HOUSE

图书在版编目（CIP）数据

创业者过度劳动的形成与影响研究 / 马慧琼著 . —北京 : 企业管理出版社 , 2023.7

ISBN 978-7-5164-2833-7

Ⅰ . ①创… Ⅱ . ①马… Ⅲ . ①劳动经济学—研究 Ⅳ . ① F240

中国国家版本馆 CIP 数据核字 (2023) 第 074647 号

书　　名： 创业者过度劳动的形成与影响研究
书　　号： ISBN 978-7-5164-2833-7
作　　者： 马慧琼
策　　划： 寇俊玲
责任编辑： 寇俊玲
出版发行： 企业管理出版社
经　　销： 新华书店
地　　址： 北京市海淀区紫竹院南路17号　　**邮　　编：** 100048
网　　址： http://www.emph.cn　　**电子信箱：** 1142937578@qq.com
电　　话： 编辑部（010）68701408　发行部（010）68701816
印　　刷： 北京虎彩文化传播有限公司
版　　次： 2023年7月第1版
印　　次： 2023年7月第1次印刷
开　　本： 710毫米 × 1000毫米　1/16
印　　张： 10印张
字　　数： 160千字
定　　价： 58.00元

前　言

创业者是通过创立企业或以个人形式参与市场活动，整合资源生产产品或提供服务、经营管理并承担决策风险的人。创业者的劳动具有不确定性强、超量工作、责任重、风险高、压力大等特点。当前，在我国创新创业和健康中国的两大战略背景下，创业者过度劳动（以下简称过劳）问题引发关注，相关的理论研究和实践政策亟须充实和完善。本书以劳动经济学作为分析视角，引入前景理论、行为决定模型等构建了创业者过劳问题分析的一个新框架，在理论和实证上对创业者过劳的决策过程及形成机制进行了深度的剖析和解读，对缓解创业者过劳提出建议。

第一，本书基于理论分析推演了创业者过劳的演进过程，是由五个阶段决策叠加且不断升级的过程。在每个阶段，创业者基于参考点、损失厌恶及决策加权三个决策要素，遵循最满意结果原则选择是否追加更多的劳动时间投入。I过劳初始阶段，主动且自发性选择超时工作；II过劳发展阶段，被迫且反射性选择持续超时工作；III过劳形成阶段，主动且反射性选择坚持超时工作；IV过劳恶化阶段，被迫且自发性选择继续工作。V过劳终极后果是过劳死。

第二，本书从内在主动性、外部被动性及偏好助推三个角度构建了创业者过劳形成的机制模型。创业者的内在动机体现在其人格特质、认知能力和工作价值观等使创业者具有完美主义倾向、高工作热情、闲暇偏好小、乐观偏差等特征，既可能引发过劳，在一定情境下也可能缓解过劳。创业者的外部目标驱动来自社会、组织、家庭三个层面。创业者面临的竞争环境、资源条件、环境压力、沉没成本、家庭支持等要素会直接影响其过劳状态。在创业者过劳的助推机制中，风险偏好解释了创业者为什么在疲劳蓄积时选择坚持劳动，时间偏好解释了他们为什么坚持更久，社会偏好说明了他们对过劳的自我认同。

第三，本书通过实证分析发现，我国创业者“过劳”得分样本均值为3.67分，即将达到中度过劳标准，创业者“过劳”内部差异比较大，中重度过劳占比较高，达到样本总量的55.64%。回归结果显示，外部被动性因素对加重过劳风险的影响较大，包括社会层面的环境压力和风险压力和家庭层面的工作无边界，解释力度为26.38%；而内部主动性因素则主要为减缓过度劳动风险做出贡献，包括人格特质方面的完美主义、认知方面的乐观偏差、身体健康素养以及工作价值观方面的工作热情，解释力度为35.74%；时间偏好和社会偏好作为助推机制类变量，对加重过劳的作用不容忽视，解释力度为13.62%。创业者过劳程度与抑郁水平成正相关，过劳是导致创业者心理健康出现问题的重要因素之一。

因此，为缓解创业者过劳问题，需要国家、组织和个体共同改进，全面提升健康工作认知，并从政策制度、组织管理、个体决策等多层面优化，系统性构建我国可持续健康发展的创业大局。

马慧琼

2023年5月

目　录

第 1 章　引　言……………………………………………………1

1.1　研究的源起 ……………………………………………… 2
1.2　研究的意义 ……………………………………………… 7
1.3　概念界定 ………………………………………………… 9
1.4　研究内容与逻辑结构 …………………………………… 11
1.5　研究方法 ………………………………………………… 14
1.6　可能的创新点 …………………………………………… 15

第 2 章　文献综述…………………………………………………17

2.1　过度劳动的思想起源与内涵研究 ………………………… 18
2.2　经济学视域下的过度劳动的文献梳理 …………………… 25
2.3　创业者工作与健康的文献梳理 …………………………… 30
2.4　劳动供给的行为经济学研究文献梳理 …………………… 34
2.5　文献评述与启示 ………………………………………… 38

第 3 章　创业者过度劳动行为的前景理论分析……………………41

3.1　行为经济学假设下过度劳动的行为基础 ………………… 42
3.2　基于前景理论对创业者过度劳动行为的要素分析 ……… 46
3.3　创业者过度劳动的前景理论分析 ………………………… 54
3.4　本章小结 ………………………………………………… 64

第 4 章　创业者过度劳动行为的形成机制分析…………………… 65

4.1　创业者过度劳动行为形成机制模型的探索 …………………… 66
4.2　创业者过度劳动行为的内在主动性 …………………………… 70
4.3　创业者过度劳动行为的外部被动性 …………………………… 77
4.4　创业者过度劳动行为的偏好助推 ……………………………… 83
4.5　本章小结（见下表） ………………………………………………… 88

第 5 章　创业者过度劳动状况、形成及影响的实证分析………… 91

5.1　研究设计 ……………………………………………………………… 92
5.2　创业者过度劳动的基本状况 ……………………………………… 97
5.3　创业者过度劳动成因的实证检验 ……………………………… 108
5.4　创业者过度劳动的后果分析：对抑郁的影响 ……………… 117
5.5　本章小结 …………………………………………………………… 121

第 6 章　基于创业者过度劳动问题的思考与建议…………………123

6.1　基于创业者过度劳动问题的思考 ……………………………… 124
6.2　缓解创业者过度劳动问题的建议 ……………………………… 127
6.3　本章小结 …………………………………………………………… 129

第 7 章　研究结论与展望…………………………………………………131

7.1　研究结论 …………………………………………………………… 132
7.2　研究局限与展望 …………………………………………………… 135

附　录……………………………………………………………………………137

参考文献………………………………………………………………………142

第1章
引　言

近年来，频繁出现在报纸、网络上的商界精英、创业者猝死的新闻报道，总是引发大众的唏嘘感叹，而标题中的“过劳死”字眼更是令人刺目。虽然，我们国家目前在法学及法律实践领域尚未对“过劳死”形成明确统一的认识与判定，但各家媒体已经习惯性地使用这样的词汇进行报道和陈述。从研究角度而言，不能仅凭这些文字就给出明确的学术判断。然而，当笔者查阅所有相关的报道时，无一例外地发现，这些创业者在同事、家人、朋友的描述中都存在长期加班、带病坚持、工作忘我等现象，有些人还伴随着焦虑、抑郁等严重的心理问题。从某种意义上来说，创业者是一种特别的劳动力形式，他们对自己的劳动参与、供给决策拥有更大的自主权，在工作组织安排方面有更大的可能性分权分压，而创业要求的投资意识也应使他们更明白健康资本的价值。那么，相较于受雇佣的就业者，创业者是否真的处于过度劳动状态中？他们的劳动供给有什么特征？在各种不确定情形下，他们是如何进行劳动决策并最终导致过度劳动的？他们的行为还是经济理性的吗？带着对这些问题的思索，本章从创业者过度劳动的社会现实和行为经济学融入过度劳动研究的可行性两个方面，对本研究的源起、对象、内容、意义等进行详细阐述，并对本研究的研究方法、思路、框架和可能存在的创新点一并进行阐述。

1.1 研究的源起

2015年6月11日，国务院以国发〔2015〕32号文件印发《关于大力推进大众创业万众创新若干政策措施的意见》，并在当年的政府工作报告中如此表述：“推动大众创业、万众创新，既可以扩大就业、增加居民收入，又有利于促进社会纵向流动和公平正义。”在经济新常态背景下，胡延坤（2017）分析认为，创业的本质是一个新的市场参与主体，致力于创造新产品、新技术、新文化、新模式的市场资源整合行为，无论是以个人还是企业形式出现。可见，创业不但是一个创新创造的过程，也是一个组织管理的过程，从机会识别到资源整合，从团队构建到组织管理，创业者面临着很多挑战与风险、选择与放弃。劳动供给决策问题也不例外，相较于受雇佣就业者，创业者对自己的劳动参与、时间决策拥有更大的自主权，因此，本研究选择创业者作为研究主体，希望能从劳动者供给行为决策视角对过劳的演进过程及形成机制问题进行更深入的研究。当然，创业者健康问题引发的舆论关注以及整个社会对过劳问题的探讨也促使笔者选择创业者过劳问题作为论文选题。

1.1.1　创业者过度劳动的社会现实

1. 双创背景下，创业者健康问题引发社会关注

《2019 年中国大众创业万众创新发展报告》显示我国日均新设企业主体已达 2.02 万户。面对日益壮大的创业者群体，创业研究更关注创业者“飞得多高”，极少关心创业者“飞得多累”。近年来，关于创业者猝死的新闻报道频繁见诸媒体。其中不乏正处于 30 ~ 50 岁之间的年富力强的创业者，因突发心脑血管疾病而猝然离世的情况。回顾他们的工作状态，周边的同事、朋友和亲人的回忆往往都是：近几年工作竞争压力大，他拼命地工作，加班熬夜是常态，早已积劳成疾。这些描述勾勒出创业者群体真实的工作和生活状态：工作时间长、无钟点，作息不规律，没有周末、没有节假日，带病坚持工作。这些创业者从选择确立一项事业的开始就像穿上了“红舞鞋”，不能随意停下来。他们的内心充满着对创业成功的渴望，肩负着来自投资者的期望，承担着整个团队决策的责任，在面对来自内外部重重挑战和压力之下，创业者不断增加工作投入的时间和精力，忽视了工作与生活的边界，甚至会低估连续超时超负荷工作给身体健康带来的危机。从某种程度而言，他们是“高危职业人群”。

2. 创业者的过劳问题不容忽视

按照复旦大学免疫生物学所所长熊思东教授的说法，受到“过劳死”威胁的主要是记者、企业家和科研人员。当然，“过劳死”是过度劳动最严重的后果，孟续铎（2013）定义过度劳动一般指劳动者在其工作过程中存在超时、超强度的劳动行为，并由此导致疲劳的蓄积，经过少量休息无法恢复的状态。存在过劳问题的创业者会因长期疲劳和压力蓄积引发身心健康问题。因此，本研究选用了《2017中国企业家健康指数分析报告白皮书》的数据来初步说明创业者的过度劳动问题。该调查的对象为企业董事长、总经理及高层管理者，与本研究关于“创业者”的范畴有很大交集。数据显示，这些企业的领导者平均一周工作6.2天，每天平均工作近11小时，而平均睡眠时间仅为6.4小时，有近四分之一的被调查者甚至一周7天都处于工作状态。与此对应的结果是，在16类常见体检指标中，50.9%的被调查者至少有五项异常，该比例远高于普通人群，健康状况堪忧。另外，62%的创业者承认面临较大的工作压力，其中70.5%经常“烦躁易怒”，62.7%经常“心情沮丧”，16.5%经常“悲观失望”，这些情绪问题使得他们罹患心理疾病的风险很高。综上可见，作为企业领导者的创业者的过度劳动已是不争的社会现实，而且有愈演愈烈之势。

3.创业者过劳的后果严重，会导致个人、家庭、企业陷入多重困境

2013年，创新工场董事长兼首席执行官李开复对外宣布罹患淋巴癌，经过17个月的治疗重返职场及公众视野，并将这一段经历及感悟写成自传《向死而生》。文中描述了他数十年来忙碌而充实的工作状况，每天十五六个小时的工作时间，但仍然干劲十足，不觉疲惫，直到被诊断为淋巴癌。文中还描述了他的家人无论在其忘我工作时，还是治疗康复期都给予了他极大的支持，可以说个人超强的工作投入和过劳的修复都是以牺牲家人的部分幸福感为代价的。对于李开复所创立的企业而言，他的离开削弱了创新工场的影响力和号召力，尽管海内外投资人保持了理解和支持，但至今仍没有一个“能黏住海量用户的杀手产品，也没有一个‘孩子’在工场护翼下成功上市”。不得不说，创业者的身体健康对企业的生存与发展而言是至关重要的。值得庆幸的是，李开复最终还是病愈回归了，还有机会在日新月异的互联网时代带领企业以更健康的方式奋起直追。但有些企业面临的困境则是致命的，例如深圳朗科智能，由于董事长刘显武的过劳猝死直接导致刚刚上市一年多的公司股票停牌，企业发展陷入群龙无首的境地，给本已风雨飘摇的经营状况雪上加霜。由此可见，创业者是企业的领头羊，有时候甚至是一个行业的领军人物。

他的倒下必然影响企业的命运走向，甚至会牵动某个行业的发展趋势，影响深远。

所以，无论从创业者个人层面、家庭层面，还是从组织层面甚至社会层面，创业者的过度劳动问题都是值得关注和深入研究的。

1.1.2 行为经济学理论融入过劳研究的可行性

在了解了以上创业者过度劳动的社会现实及其严重后果后，有一个问题耐人寻味：创业者既然对自己的劳动参与、供给决策拥有更大的自主权，在工作组织安排方面有更大的可能性分权分压，而且经常进行成本收益比较的他们应该具备了较高的经济理性，更明白健康资本的价值，那么，为何会在劳动中放任疲劳蓄积到无法修复，造成因过劳生病甚至过劳死这种极度得不偿失的后果，他们在劳动过程中的每次选择是否还是理性的呢？

1. 依照经典劳动经济学分析，过度劳动不符合完全理性的选择

依照经典经济学提供的个体标准理性选择模型，在严格假定下可以解释人们如何在约束条件下运用完备的信息及完全的理性，并绝对严苛地做出符合效用最大化的利己决策。过度劳动是一个明显的疲劳蓄积导致身体不适、病变甚至死亡的过程，在此演进过程中，作为劳动供给的决策者，已经处于过度劳动状态时，应该理性地对其不断延长的工作时间所带来的成本和收益进行分析、对比，从而作出理性的决策。显然，过度劳动所带来的身体损伤，尤其是一些不可逆的后果所对应的成本是相当巨大的，不但包括恢复身体的时间成本，还有治疗成本、失去工作的机会成本，最严重时甚至付出生命的不可计量的成本。而过度劳动的收益却常常是不确定的风险收益。相较于生产性工人加班加点计件工资的直接提升，创业者的工作时间与创业绩效之间的关系并非明确而线性的。创业的投资收益是高风险的不确定收益，有可能是巨大的远超成本的超高收益，也有可能是连沉没成本都无法收回的血本无归，在这两个极端结果之间，创业者劳动投入与收益增加之间的关系是不确定的。依照古典经济学分析，创业者超时劳动、超负荷工作所引发的过度劳动，成本是必然的，尽管其大小无法精确计量，但收益存在较大的偶然性，因此，创业者过劳并非完全理性的选择。可见，现实生活并不是假想的真空世界，存在着大量的不确定性，实际的经济决策更多的是不确定情况下决策，而非确定情况下的决策。即使经典劳动经济学提供了期望效用理论，但在完全理性假设下，运用标准选择模型对过度劳动问题研究依然与现实中人们的真实选择存在偏差。因此，笔者尝试将行为经济学的理论与方法引入劳动经济学的研究框架，对创业者过度劳动问题进行更为贴近现实和更具有解释力的研究。

2.选择行为经济学视角解析创业者过度劳动具有可行性

为了解决不确定情境下决策的难题，古典经济学发展并扩展了原有的模型，其中冯·诺伊曼和摩根斯坦在经典著作《博弈论和经济行为》中构建了期望效用理论及相关模型，被视作理性人在不确定情况下进行决策的标准理论假设及研究范式。这一理论依然遵循了古典经济学的严格假定，因此在依据该理论预测人们在不确定条件下的决策时却常常遭遇到“激励失效”“收入靶”“成瘾行为”等悖常现象的挑战与质疑。行为经济学家另辟蹊径，从更为现实的心理学基础出发，揭示了选择的有限理性，扩展了标准均衡模型，从而使得经济学可以对真实情境下各种现象做出更为可靠且有说服力的解释。行为经济学放松了标准经济学模型的严苛假定，加入了一个可靠的心理学基础，着重对现实问题的决策过程进行过程性描述与分析。例如：行为经济学中的前景理论发现人们的决策过程往往是有限理性和直觉推断式的组合；跨期选择模型发现个体决策时依赖的时间偏好不一致性，“符号效应”“量值效应”和“框架效应”等能更好地解释人们由于情境差异而对未来的不同预期；信号传递博弈在经济和商业环境中广泛存在，它很好地解释人们的策略行为。行为经济学的特点促使笔者意识到，运用以上这些理论和模型分析创业者过度劳动决策的随意性、不确定性、偏好性、强制性、普遍性等问题的可能性。

综上，笔者认为，将行为经济学的理论、方法引入劳动经济学，与劳动经济学配合，建立一个行为劳动经济学的理论体系和分析框架解析创业者过度劳动的决策过程，相较于传统劳动经济学更加具有解释力，同时还兼有符实性、一般性、易处理性和简约性。

1.2 研究的意义

1.2.1 理论意义

本研究将行为经济学的理论、方法引入劳动经济学，与劳动经济学配合，运用前景理论、行为决定模型等对创业者过度劳动的决策过程及形成机制进行了剖析和解读，构建了具有一定跨学科特点的理论分析框架，具有如下理论意义：

1. 有利于弥补对创业者群体过度劳动问题研究的空白

过度劳动这个主题的研究会涉及医学、法学、社会学、经济学、管理学、心理学等众多学科，研究的综合性、复杂性、挑战性很强，相对于频繁出现于各种媒介报道说的“过度劳动问题”，我国的学术专业研究仍明显不足。其中，对于不同工作群体的研究则更少，目前文献显示的有对医务人员、企业高管、企业员工、知识型员工、高校教师、事业单位员工等过度劳动问题的研究，对于创业者群体过度劳动问题的研究基本没有，通过对中国知网（CNKI）数据库检索主题为“创业者”“过劳”“过度劳动”“过劳死”的文献，结果是找不到相关文献。鉴于党的十八大以来，创新创业的重要性被习近平总书记多次在不同场合强调，意味着创业者的队伍会越来越庞大，笔者因此认真考虑选择这一群体研究的必要性。再加上创业者群体自身特征、劳动特点、工作内容、所处环境等与其他工作群体有显著差异，本研究将创业者的过度劳动问题作为研究主题，一方面丰富了过度劳动领域的研究对象，另一方面也为其他群体的过度劳动问题的后续研究提供思路和开拓空间。

2. 有利于拓展过劳问题研究视角，深挖主动性过劳的形成机理

本文尝试将行为经济学的理论、方法引入劳动经济学，与劳动经济学配合，建立一个行为劳动经济学的理论体系和分析框架，解析包括创业者主动性过劳的决策过程。运用前景理论对创业者过度劳动行为的决策过程及过度劳动的演化阶段进行理论解析，在理论上拓展了过劳问题的研究视角。前景理论这一描述性模型的运用，能更好地解读创业者在不确定条件下的决策过程，而由于创业者劳动自主决策性强的特点，研究结论有助于深化对主动性过劳内涵的理解，通过比较细致地描绘创业者过度劳动的演化过程，为在过劳问题研究领域深挖主动性过劳的形成机理提供有价值的研究成果。

3. 有利于提高过度劳动形成机制理论研究的系统性和符实性

本文借鉴了非常成熟的人类行为模式的分析理念，分析发现，创业者的过度劳动行为是由于创业者的某种重要且强烈的需要引发其心理的不安与焦虑，创业者为缓和内心的紧张状况，产生超时超负荷工作的意愿，以期实现某种目标以满足其优势需要的行为过程。也就是说，创业者的过度劳动是由内在动机策动和外部目标驱动共同作用下产生的行为，并因偏好机制作用致使其持续时间长、强度大造成疲劳蓄积，从而导致身心健康受损的后果。结合人类行为模型给予的启示，并借鉴已有实证基础上的过度劳动形成机理模型，本研究构建的创业者过度劳动行为形成机制模型在肯定原有文献中一些模型的一般性、简约性的基础上，更具有系统性和符实性。

1.2.2 现实意义

本研究无论对创业者个体、创业组织以及国家创业创新大局都有重要的现实意义。

1. 个体层面：有利于提升创业者的工作健康素养，保障其人力资本可持续发展

本研究结论可协助创业者复盘自己的劳动供给决策过程，判断其是否过劳以及过劳的阶段与特点，更理性地认知到其过劳的现状、程度以及成因，并根据人类行为决策的特点，从动机、目标、偏好多个视角反思劳动供给决策的科学合理性，提升自我的工作健康素养，关注自我的工作状态及生活质量，促使其有意识地改善其工作对家庭及生活的侵入，通过刻意的时间管控及心理建设，预防身心在创业高强度超负荷的工作中受损，积极推动工作生活相互促进，提升生活品质，增加闲暇时间的利用价值，从而实现人力资本的健康可持续发展。

2. 组织层面：有利于创业组织形成健康的工作观念，提升劳动效率与企业绩效

创业者的健康关乎着创业组织的生存与发展。同时，创业者自己的工作观念、健康素养、管理理念又会形成其创业组织的企业文化与管控风格，继而影响整个组织对于劳动健康、管理效率、企业绩效的考核、评价与监督。因此，创业者必须对过度劳动的前因后果有较为深刻的认识和了解，才能为企业员工的内部管控做出科学合理的领导决策。本研究通过实证分析，从人格特质、健康认知、外部环境、企业经营等多个维度揭示影响创业者的过度劳动的因素以及其影响程度的大小，从而帮助创业者审视组织的行政制度、绩效考核办法、薪酬分配方案等各项管理制度设计、安排的合理性，并采取切实有效的策略缓解这些因素给创业者本人及组织员工带来的负面影响，合理分配有限资源，从而提升劳动效率与企业绩效。

3. 国家层面：有利于响应国家创新创业大局与健康中国战略的统一

2015年，习近平总书记在党的十八届五中全会就曾提出：我们要激发创新创业活力，推动大众创业、万众创新，释放新需求，创造新供给，推动新技术、新产业、新业态蓬勃发展。2020年4月，习近平再次强调："创新是社会进步的灵魂，创业是推动经济社会发展、改善民生的重要途径。"国家在逐步构建和深化创新创业大局。然而，频繁出现在报纸、网络上的商界精英、创业者猝死的新闻报道，总是引发大众的唏嘘感叹，而标题中的"过劳死"字眼更是刺目。这不仅会在舆论层面影响大众的创业意向，而且与我国在2016年10月《"健康中国2030"规划纲要》提出的健康中国战略相违背。因此，研究创业者过度劳动的现状及后果、影响因素与形成机理，有利于在国家制定促进创业政策的同时关注创业者健康状况，营造积极健康的创业环境，有针对性地提出缓解创业者过劳的对策建议，促进创业者的可持续性发展、保障创业经济发展，是对国家大健康中国战略的积极响应，具有现实意义。

1.3 概念界定

本文以"创业者"为研究对象，并选定"创业者过度劳动"作为研究主题，为明确研究范畴、对象内涵及相关要素，使实证分析的调查范围及测度标准有据可依，笔者首先对"创业者"和"过度劳动"两个概念进行界定。

1.3.1 创业者

创业者是从法文“Entrepreneur”翻译而来，字面意思是来往于两地或双方的人，引申为“领导军队远征的人，也包括从事冒险活动的殖民者”，倾向于中文“冒险者”的含义。最早将“Entrepreneur”一词引入经济管理文献的是法国经济学家康迪隆（Richard Cantillon），他将Entrepreneur界定为组织生产并促进商品货物流通，并承担一定风险的人。可见，创业者是为了追求高的经济回报而愿意承担不确定性风险的投机者。王玉帅等（2009）总结的创业者的定义：指认识到市场机会，通过发起创立企业试图获得机会带来的收益，而同时又必须为错误的决策承担风险的人。经济新常态背景下，胡延坤（2017）分析认为，创业的本质是一个新的市场参与主体，致力于创造新产品、新技术、新文化、新模式的市场资源整合行为，无论是以个人还是企业形式出现。综上，本文将创业者界定为通过创立企业或以个人形式参与市场活动，整合资源生产产品或提供服务，经营管理并承担决策风险的人。鉴于本研究探讨的是个体作为创业者，其劳动供给决策过程及可能引发过度劳动行为的因素，因此，研究对象的识别侧重其曾经发起创业活动的身份、整合资源经营管理的行为及一直承担决策风险的特征。

1.3.2 过度劳动

关于过度劳动的概念及内涵的文献梳理在第二章文献综述部分展开，这里仅对本研究界定的过度劳动的概念进行说明。从经济学视角出发，笔者认为，过度劳动是指劳动者提供的劳动量超过了个体可持续劳动的能力边界，并且它是个“过程+结果”的概念，包含了持续超时超负荷工作及疲劳蓄积的过程和无法通过正常休憩恢复的身心健康受损的结果。个体可持续生产的能力边界决定于主客观两个条件：客观上是法律规定的标准工作时间及相应的工作负荷标准（有赖于职业劳动强度规制的完善）；主观上是劳动者蓄积的身心疲惫感且无法通过日常休憩得到恢复。这两个条件都是必要但非充分条件，当二者同时满足时，我们即可认定该劳动者属于过度劳动。因此，过度劳动的测量包含了工作负担与疲劳自觉两个维度。文中，过度劳动与过劳是通用的表达。

总之，过度劳动是一个“过程+结果”“主观+客观”的概念。因此，对过度劳动的测度也应该遵循既考量结果，亦回顾过程；既注重客观表现亦剖析主观感受的原则。本研究正是从回顾过程与剖析主观感受视角出发探究创业者过度劳动的形成及影响的。

1.4　研究内容与逻辑结构

本文试图揭开创业者过劳现象的面纱，研究一系列现实的问题：在疲劳一步步蓄积的进程中，创业者是如何进行一次次选择，反复延长个体的劳动时间，不断增加个体的劳动投入，并持续对抗以此带来的身体不适、损伤、压力等，最终形成不同层级的过度劳动后果的？在这个决策过程中，哪些因素被创业者个体纳入到他的决策体系中？创业者又是如何组织编译这些信息，最终评估做出选择的？他们对这样的选择后悔吗？从个体、组织、国家层面应如何降低创业者过度劳动的风险？

围绕上述提到的问题，本文分为7个章节展开：

第1章为引言部分，从本研究的源起及意义谈起，继而对本文的研究内容和逻辑结构进行了简要介绍，在梳理本文运用的研究方法的基础上，对本文进行的创新性努力予以提炼和总结。

第2章为文献综述部分。该部分内容梳理了以过度劳动及创业者工作与健康为核心检索的国内外文献，评述了选题相关研究进展以及在概念、测量维度、形成机制等方面的研究薄弱点，为研究的具体展开确定了理论基础及文献支持。

第3章将行为经济学中的前景理论引入对创业者过度劳动行为的研究，对创业者劳动供给的决策过程及过度劳动的演化阶段进行理论解析。首先，分析了行为经济学假设下过度劳动的行为基础；然后，运用前景理论这一描述性模型，着重分析了创业者劳动投入决策的参考点、损失厌恶及决策加权，从而更好地解读了创业者在不确定条件下的决策过程。最后，描绘了创业者过度劳动的不断升级的5阶段演化过程：Ⅰ初始阶段：超时工作；Ⅱ发展阶段：持续超时超负荷工作；Ⅲ形成阶段：疲劳蓄积至正常休憩无法恢复；Ⅳ恶化阶段：过劳伤病；Ⅴ终极后果：过劳死。

第4章和第5章为本研究的主体部分。第4章结合人类行为模型给予的启示，并借鉴已有实证基础上的过度劳动形成机理模型，构建了创业者过度劳动行为形成机制模型，从内在主动性、外部被动性、偏好助推三个角度分析了创业者过度劳动的形成机制及影响因素。基于第4章的理论分析及核心结论，第5章提出基本研究假设，对创业者过度劳动问题进行问卷调查，在对现状进行描述分析的基础上，运用计量经济学模型验证各项假设，通过数据结果详细分析了创业者过度劳动各影响因素及解释力度，最后就创业者过度劳动对抑郁的影响展开计量分析，为后文缓解创业者过度劳动问题的建议提供实证支持。

第6章是本书的思考与建议。基于理论分析与实证检验的基本结论，对创业者过劳展开审视与思考，并提出缓解创业者过度劳动的建议。

第7章是本书的研究结论与展望。简要概括了理论研究与实证分析的结论，反思了研究存在的不足，并对未来进一步研究的方向作出展望。

本研究的基本框架见下图：

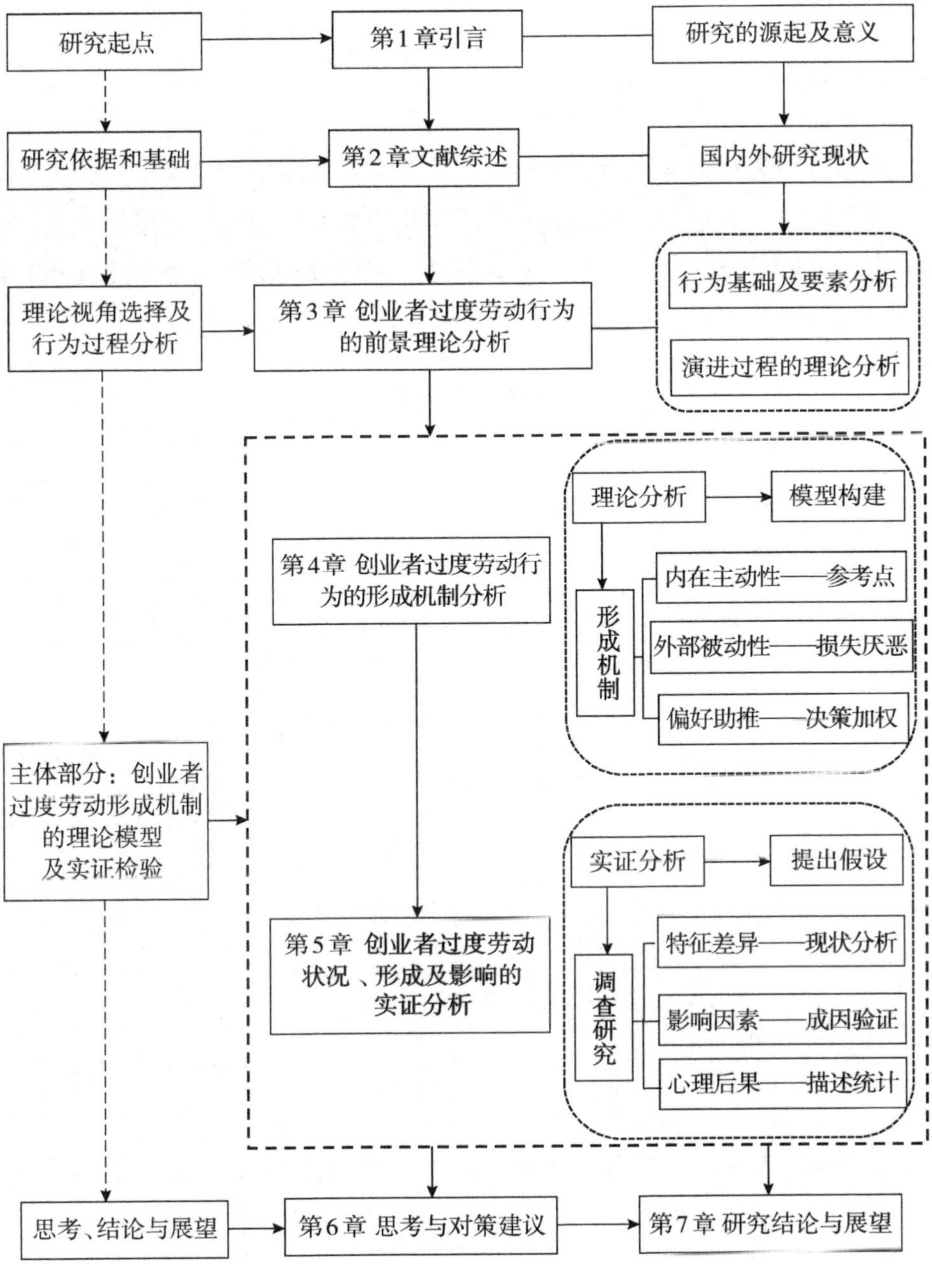
研究起点
第 1 章引言
研究的源起及意义
研究依据和基础
第 2 章文献综述
国内外研究现状
理论视角选择及行为过程分析
第 3 章 创业者过度劳动行为的前景理论分析
行为基础及要素分析
演进过程的理论分析
第 4 章 创业者过度劳动行为的形成机制分析
理论分析
模型构建
形成机制
内在主动性——参考点
外部被动性——损失厌恶
偏好助推——决策加权
主体部分：创业者过度劳动形成机制的理论模型及实证检验
第 5 章 创业者过度劳动状况、形成及影响的实证分析
实证分析
提出假设
调查研究
特征差异——现状分析
影响因素——成因验证
心理后果——描述统计
思考、结论与展望
第 6 章 思考与对策建议
第 7 章 研究结论与展望

本书的逻辑结构图

1.5 研究方法

本书以行为经济学作为分析视角，着重在中微观层面探索研究创业者过度劳动问题，在理论分析的基础上进行了相应的实证研究，采用的研究方法主要有：文献研究法、经济学理论分析法、模型分析法、实证研究法。下表是对本书研究方法的梳理。

本书研究方法梳理

主要章节	内容	研究方法
第 2 章 文献综述	国内外研究现状	文献研究法
第 3 章行为经济学引入及创业者过度劳动行为的前景理论分析	3.2 基于前景理论对创业者过度劳动行为的要素分析 3.3 创业者过度劳动的前景理论分析	经济学理论分析法——理论假设及要素分析 前景编辑与评价方法
第 4 章 创业者过度劳动行为的形成机制分析	4.1 创业者过度劳动行为形成机制模型的探索 4.2 创业者过度劳动行为的内在主动性 4.3 创业者过度劳动行为的外部被动性 4.4 创业者过度劳动行为的偏好助推	基于人类行为模型的逻辑演绎法 基于前景理论、竞争优势理论、家庭边界理论等的逻辑演绎与理论分析
第 5 章 创业者过度劳动状况、特征及影响因素的实证分析	创业者过度劳动 5.2 基本状况 5.3 成因的实证检验 5.4 后果分析：对抑郁的影响	计量分析方法——Ordered Logit 模型法

文献研究方法。本书通过检索、挑选、鉴别有关“创业者”“过度劳动”的研究文献，借鉴已有概念界定、方法贡献、理论成果，梳理研究薄弱、不足甚至空白地带，形成对创业者过度劳动问题研究的理论认知，并受启发选择更微观视角、更符实的行为经济学方法以及更具灵活性的行为决策模型作为研究工具。

经济学理论分析法。本书第 3 章引入行为经济学的前景理论，运用经济学基本研究范式，对创业者过度劳动的行为基础及决策要素进行分析，然后对决策过程的各个阶段进行前景的编辑与评估，从而推导出创业者过度劳动行为的演进过程。

模型分析法。本书第4章运用逻辑演绎方法将人类行为一般模型拓展至创业者过度劳动问题研究领域，构建了创业者过度劳动的形成机制模型，并展开影响因素具体分析。

实证研究法。本书第5章基于之前的理论研究，提出创业者过度劳动成因假设，设计并发放了《创业者劳动和工作健康调查问卷》，收集合适的样本数据，并运用Ordered Logit模型分析法对数据进行深入挖掘，探索各影响因素与创业者过度劳动之间的关系及对应的影响力度，验证创业者过度劳动的成因假设，并描述分析其心理后果。

1.6 可能的创新点

本研究以劳动经济学作为分析视角，引入前景理论、行为决定模型等构建了创业者过度劳动问题分析的一个新框架，在理论和实证上对创业者过度劳动的决策过程及形成机制进行了深度的剖析和解读，对缓解创业者过劳提出建议。可能的创新点主要体现在选题视角、研究方法、研究内容、新模型构建及“过劳”后果分析尝试等几个方面：

第一，选题视角创新。过度劳动是“过程+结果”的概念，当前经济学领域有关过度劳动的研究主要从结果视角切入，基于劳动供需理论、工作要求——资源理论等研究劳动者整体或特定群体过度劳动的影响因素。本书则尝试从过程视角切入对创业者过度劳动行为进行研究，尝试对创业者劳动供给的决策过程及过度劳动的演化阶段进行理论解析，对未来过度劳动问题研究的理论拓展是有益的启示，具有一定的创新性。

第二，研究方法创新。从行为过程到身心受损的结果看，过度劳动的决策有悖于古典劳动经济学个体的完全理性及完备偏好假设。因此，本书尝试用新兴的非传统标准的经济学理论及模型解读过度劳动问题。引入行为经济学前景理论，以有限的资源、理性、自私、意志力假设为行为基础，着重分析了创业者劳动投入决策的参考点、损失厌恶及决策加权，对创业者在不确定条件下的决策前景进行编辑和评估，推导出创业者过度劳动的演化过程的5个阶段，为未来相关研究提供可行的理论基础。

第三，研究内容创新。创业者的劳动供给决策在实现目标、约束条件、价值评估等方面都有别于就业者群体，现有文献关于过度劳动形成机制的研究有较强的一般性与简约性，但无法直接套用于创业者。本书尝试从中微观层面，基于前景理论对人类行为模型进行逻辑演绎，结合创业者的个性特质、工作特征、组织特征、环境特征等诸多因素，将创业者个体作为明确的分析主体，从内在主动性、外部被动性、偏好助推三个角度对其过度劳动的行为过程进行深入细致的剖析，提升了研究的符实性和系统性。

第四，本研究以前景理论为基础，勾勒出创业者过度劳动问题的研究模式，构建创业者过度劳动的形成机制模型，整合过度劳动的过程和结果，将演进各阶段与不同“过度”程度相对应。提出研究假设，为实证研究提供支撑，为进一步地深入细化研究拓展空间。另外，尝试从自发反射性和主动被迫性两个维度来理解过度劳动的成因，为从追求收益、规避损失、风险追逐、风险回避等角度深挖过度劳动的形成机理提供有价值的研究成果。

第五，尝试对创业者过度劳动的心理后果进行实证分析。为探究创业者过度劳动可能带来的心理后果，本研究利用宾夕法尼亚大学研制的《伯恩斯心理忧郁量表》（BDC）判断被测者抑郁程度，并对创业者过度劳动的心理后果进行描述性统计和相关性分析。这在一定程度上可以丰富我国过度劳动问题研究在后果研究方面的成果，推动我国过度劳动问题的研究进程。

第2章
文献综述

通过文献梳理发现，过度劳动很早就引起了理论家的关注与思考，在诸多经典著作中早有论述。直到20世纪五六十年代，“过劳”逐渐成为日本社会及学界关注的热点问题，一批来自医学、法学及经济学等学科的学者展开了深入系统的研究，更因其研究成果不断被运用于医学鉴定、法律规制、经济损失测量等方面而被进一步推进。欧美学者的研究偏重于管理学，发展出工作沉迷、工作倦态、繁重工作投资等概念。20世纪90年代以来，我国学者也从各自学科出发，运用相应的研究路径试图解密“过度劳动”的根源、影响因素、机制、后果及应对等方面的问题。

2.1 过度劳动的思想起源与内涵研究

2.1.1 理论家思想火花的表述

1. 亚当·斯密从人性角度指出工人们“过度劳累”的自身原因

亚当·斯密在其著作《国富论》中提出，劳动是衡量一切商品交换价值的真实尺度，任何一个物品的真实价格取决于获得该物品实际付出的代价，也就是获得它的辛苦和麻烦。同时，亚当·斯密又提出了理性经济人假定，古典经济学即是在这块土壤上孕育和发展的。按照这个假定，工人们为了获取更多，最大化自己的满足感，就会拼命工作以求回报。人类天生具有的想要改善自己命运的愿望，足以让工人们在几年时间里过度劳累，破坏他们的健康和体质（Adam Smith，1776）。可见，在他的思想中，工人们之所以“过度劳累”也是经济人追求理性的结果，是人性驱动的，因此，过度劳动似乎是劳动者的必然选择。

2. 卡尔·马克思从资本主义制度层面揭露劳动者“剩余劳动”的本质

在《1844年经济学哲学手稿》中，马克思使用了“过度劳动”一词。提出：工资的提高引起工人的过度劳动，他们越想多挣几个钱，就越不得不牺牲自己的时间，并且完全放弃一切自有，为贪欲而从事奴隶劳动"①。早在十八和十九世纪，西方资本主义国家就普遍存在过度劳动的现象，而"血汗工厂"就是该现象的典型代表。他在《资本论》第一卷第二篇"绝对剩余价值的生产"和第三篇"相对剩余价值的生产"中详尽而逻辑严密地分析了"剩余劳动价值"的来源，并且引用了多份报告中关于陶工、火柴制造业工人、印刷业工人和面包工人等职业的周工作时间、换班制度等数据资料，以及他们恶劣的健康状况来说明工人剩余劳动的本质、成因及后果。资本像狼一样地贪求剩余劳动，不仅是对工作日的道德极限的突破，也是对工作日的纯粹身体极限的突破。它侵占人体成长、发育和维持健康所需要的时间，掠夺工人呼吸新鲜空气和接触阳光所需要的时间……（马克思，1867）。可见，马克思认为资本主义制度以及由此决定的资本对劳动的支配权是工人们被迫进行剩余劳动从而造成过度劳动的根本原因。

3. 约翰·凯恩斯从宏观经济层面对过度就业和失业机制的解析

凯恩斯提出过度就业的概念是相对于就业不足而言的，他在其著作《就业、利息和货币通论》中详细解读了人们普遍存在边际消费倾向、资本边际效率递减及流动偏好等心理规律，因此导致消费和投资的总需求不足从而造成"市场失灵"。在宏观层面上，就业量受生产量的影响，而当下的生产量的变化并不是受当下经济情况的影响，而是受人们对于未来预期的影响。当人们对未来预期过于乐观，社会就业量就会偏高。在微观层面上，当看到物价上涨，雇主们想提升产量，多雇佣工人，这是他们追逐利润最大化的惯性思维。然而，这也可能造成通货膨胀，当实际工资低于劳动边际负效用时，劳动者可以拒绝工作；但当实际工资不低于劳动边际负效用时，劳动者却不能强行就业，只能处于失业状态（约翰·凯恩斯，1936）。这与当前学者探讨的，在整个经济社会层面，从业人员的过度劳动可能会造成就业机会和就业岗位被挤占，从而造成一些具有劳动能力的人员失业（王艾青，2006）的结论是一致的。值得注意的是，凯恩斯的心理学假定也为微观层面的个体行为的经济决策提出了启示，意味着个体劳动供给决策的过程也会受到心理因

① ［德］卡尔·马克思．资本论 [M]. 徐靖喻，译．北京：煤炭工业出版社，2016.

素的影响。

2.1.2 各国过度劳动现象引发的关注与探讨

1. 日本过劳死现象频发，各领域专家学者积极研究对策

20世纪五六十年代，日本战后经济亟待复苏，美苏在冷战背景下展开武器争霸赛，而日本则掀起火热的工业浪潮，尤其在1973年石油危机爆发前，日本利用国际上廉价的石油能源，加速发展经济，之后世界石油危机使得高速增长的日本经济逐步放缓，日本不得不推行“减量经营”等措施以摆脱经济低迷状况，与此同时，日本劳动者的“过劳”问题逐步显现且愈演愈烈。根据日本劳动省1987年对世界各国年实际工作时间的比较统计显示，法国工人年实际工作时间为1645小时，德国为1642小时，日本则为2168小时。日本工人比上述两国工人每年多工作500小时，即每周大约多干10小时，或者说，一年多干3个月的工作（祝大鸣，1995）。从20世纪七八十年代开始，日本社会劳动者“过劳死”现象已演化为严重的社会问题。日本一些律师和医生从1988年6月18日起，在日本札幌、仙台、东京、京都、大阪、神户、福冈等7个城市建立了“过劳死热线”电话，以便及时了解和协助解决“过劳死”的问题。在这个热线建立一周年的时候，热线已扩大到28处，一天之内就发现了309个“过劳死”新案例。到1990年6月，该热线受理商谈电话1507件，82%是为因工作过度劳累而病倒的劳动者家属询问申请劳灾保险及手续事宜，且其中70%的劳动者已死亡（鲍刚，1993）。日本有关人士组成了“全国保护过劳死牺牲者联络会议”，并于1990年12月出版了《过劳死》(日、英文国际版)一书，向日本及全世界介绍这个社会问题的情况，呼吁社会解决这个问题（程极明，1991）。因此，日本很多法律、医学、社会学等领域的专家学者致力于解决这一社会难题，产生了丰富的研究成果。

2. 美国等西方国家劳动时间出现反弹式增加，倒班制度引发对健康问题的关注

《美国新闻与世界报道》称，根据有关资料统计，从1987年至1997年的十年间，普通美国工薪阶层的平均周工作时间从43小时增加到47小时，年平均工作时间为1966小时。全美家庭与工作研究中心的副总裁詹姆斯·庞德指出，每周工作超过50个小时以上的人，十年间从24%增长到37%（刘景雄，2000）。同时，为了维持现代化社会昼夜不停地运转，大量工人被迫卷入倒班制度，即白天工作和夜间工作轮换。由此引发的职业健康问题引起了医学研究者的关注。2013年1月，西雅图的哈金森癌症研究中心的研究认为，倒班工作与卵巢癌的发病有关。2014年11月，法国图卢兹大学发表的研究认为，常年倒班工作会导致大脑活力降低，至少需要5年才可恢复。

3. 我国过度劳动状况备受关注，学界致力于通过科研推动改善

在我国，最早进入公众视线并被看作“过劳死”事件的应该是20世纪80年代蒋筑英、罗健夫等科学家英年早逝的新闻，报道中都使用了“过度劳累、积劳成疾”的字眼。由于这些个案发生在特定群体中，就没有形成社会层面的广泛关注和重视。步入21世纪后，中国经济步入高速发展的轨道，但同时越来越多的劳动者发出“工作太累”的感慨。2007年零点调查和指标数据联合发布的一项调查显示，按照日本公众卫生研究对“过劳”的界定，在我国91.1%的跨国企业员工成为“过劳者”，15.4%的员工成为“过度疲劳者”，5%的员工“随时可能发生过劳死”（王丹，2011）。在我国，“过劳”正逐步成为一部分企业员工劳动的常态，蔓延下去将可能引发严重的社会问题。因此，学界各领域专家学者积极选择“过度劳动”作为研究主题，以期通过科学研究引起社会对这一问题的重视，并推动多方努力改善这一境况。尤其是2012年“中国适度劳动研究中心”（现为“中国适度劳动研究分会”）的成立，为各领域学者提供了共享的科研平台。该研究分会是目前我国一个专门负责开展有关“过劳”问题研究的学术组织。每年定期举办学术会议，来自经济学、管理学、医学、法学、心理学等不同领域的专家齐聚一堂，从不同的学科背景和视角共同研讨该领域相关问题（杨河清、王欣，2016）。

2.1.3 过度劳动的概念及内涵研究

1. 日本学者最早提出“过劳死”及“过度劳动”的概念

“过劳死”这一词汇来源于日语的“過労死”，最早由圣德大学教授上畑铁之丞提出，他是“过劳死·自杀协商中心”代表，一直致力于“过劳死”领域的研究。后来，欧美国家的学者直接用音译“KAROSHI”一词来介绍和研究过劳死问题。1989年出版的著作《医学的发展》一书中将“过劳死（Death From Over-work Load）”定义为被用于与脑血管疾病、心脏疾病等循环器官疾病的工作内外认定相关联的社会医学用语，过重的劳动成为诱因，使高血压和动脉硬化恶化，使脑出血、蛛网膜下出血、脑梗死等脑血管疾病以及缺血性心脏疾病、急性心力衰竭等急性发病，永久性丧失劳动能力，最终导致死亡的状态。随着日本劳动者由于过度劳动造成的自杀事件频繁发生，日本研究者将研究的视域从生理机能的损害扩展到心理情绪问题，“过劳死”界定的范围逐渐被扩展，除因过劳生病致死外，还包括因过劳引发精神障碍而自杀的劳动者。

第一次在学术期刊上提到“働きすぎ”(过度劳动)这个词汇是在1971年刊出的《“働きすぎ人間”の日曜日》这篇论文中。日本学者首先从医学角度明确了“过度劳动”的概念。日本前中央大学教授齐藤良夫认为，所谓“过度劳动”状态是指由于活动产生的疲劳不能因为包含睡眠在内的休息得到恢复的状态，作为导致这种状态的机理，维持人体健康状态的生理机能体系间的均衡被破坏，引发了通过数夜睡眠、数日休养不可能恢复的状态，由于神经体系的平衡失调，引发生物体恒常性（homeostasis）维持出现障碍，发生了不可逆的变化（孟续铎，2014）。日本学者福地保马认为，如果劳动者的疲惫感不能通过常规的睡眠与休养得到恢复，那么这种状态就是过度劳动。这些说法都是从人们生理机能的感受角度来界定“过度劳动”概念的。日本学者小木和孝为了更深入地探讨过度劳动的形成过程，并科学地测定过度疲劳程度，又提出了疲劳蓄积的概念，也称蓄积性疲劳，指的是疲劳状态没有通过自发休息或小休止得到缓解，从而产生的疲劳的积累效应（王欣，2018）。

2.其他国外学者对“过度劳动”及其相关概念的探索

在查阅“过度劳动”的英文研究文献时，笔者首先使用“overwork”作为检索词，查到的标题包含这一词汇的文献最早的是1974年发表于《Journal of Applied Social Psychology》的《Overpaid or Overworked? Cognitive and Behavioral

Reactions to Inequitable Rewards》，该文主要讨论了劳动者对工作中奖励激励的认知和行为反应。当报酬奖励超过了公平的感觉时，接受奖励的劳动者可能会增加他对任务困难的看法，以及他们对自己努力工作的公平回报的估计，从而决定他们劳动的投入程度（ Gergen KJ，Morse SJ，Bode KA，1974 ）。虽然过度劳动并非核心概念，但该文献还是为过度劳动决策提供了一个分析框架，即面对不同程度的奖励不公平时，劳动者如何调整他在劳动供给方面的付出用以协调付出与回报之间的不平衡。

而最早将“overwork”作为核心概念的论文发表于1977年，John M. Rhoads认为过度劳动就是工作到超越一个人的忍耐力和恢复能力，可能为某些从事无固定职业的并具有一定典型性格类型的雇员带来生理和心理的风险。一些人似乎缺乏一个内在的“督导”，由于种种原因，人们忽视了那些需要休息或娱乐的常见迹象。如果他们从事的工作没有一个有限的工作日，他们可能会超过身体的恢复能力。随后可能会出现一连串的症状，其中一些可能与某些严重的身体疾病相关（ John M. Rhoads，1977 ）。这篇文章运用5个具体的案例，描述了不同类型过度劳动者的症状、特点、原因及相应的改善建议。从某种程度而言，这篇文献是对“过度劳动”概念和研究的探索性开端，不但梳理了一些可能被人们误认为仅是生理疾病的过劳症状，还通过具体个案对象剖析了过度劳动的具体成因，并给出了很多研究启示，例如过度劳动者的人格特征及过度劳动的代际间转移等。西方学者对过度劳动概念化的表述为：劳动者处于超长工作时间和超量工作负荷的劳动状态，长期超过自身生产能力边界，造成疲劳不断累积，压力持续增加，并因此导致身体或精神健康的损害，无法维持生活质量和生命健康的可持续发展。（ Lonnie Golden，2006 ）。

过度劳动有两个明显的特征是超长的工作时间及由此引发的健康问题。因此，笔者使用长工作时间“long working hours”及健康“health”作为联合检索词查阅相关文献。在国外学者的研究文献中又发现了一些与过度劳动的内涵接近或有关联的词汇。例如有些文献直接使用了“long working hours”，即长时工作。而且，这些文献大都探讨了长时工作引发的健康问题。长时工作的女性患抑郁症的概率增加了。相比于标准工时，长时工作的男性不健康体重的比例更高（Shields M，1999），而与长时工作联系紧密的一个概念是“过度就业”（Over-employment）。过度就业（Over-employment）是相对于就业不足（Underemployment）而提出的概念，过度就业是指16周岁以上的劳动者，他们无论是继续留在原组织，还是转换工作，都倾向于（但实际上无法做到）工作更少的时间，即便要以获得更少的报酬为代价（Helen Tam，2010）。显然，相对于过度劳动，过度就业是一个非常主观的感受。具有不同个性特点和不同类型的工作的劳动者会在连续工作时间的任何时间产生过度就业的感觉，而且只有劳动者自己有权决定他们是否过度就业（刘畅，2009）。另一个虽然主观但可以通过量表测量的概念是“职业倦怠”（Job Burnout），这是对工作中长期情感和人际压力的长期反应，它表现为情绪耗竭、去人性化以及个人成就感低落（Maslach，2001）。有的学者甚至认为职业倦怠本身就是一种心理问题，而这些症状与过度劳动所表现在心理精神上的特征有很多共同点，可以作为研究的借鉴。

3. 我国学者对过度劳动概念的各种解读

我国学者对于过度劳动的概念是从将“过劳死”这个舶来词从日本引进开始的，“过劳死”是日本人“为自己的公司操劳过度而死”（钟爱国，1990）。之后，内涵更为准确和全面的概念被引入。“过劳死”是指“由于经济的繁荣和商业中激烈的竞争，有些中下层的职工甚至高级职员因工作过度劳累，经常加班加点，再加上精神压力而猝然死亡”的现象称为“过劳死”（沈清，1990）。正是由于钟爱国和沈清1990年对日本“过劳死”问题的介绍，“过劳”的含义逐渐明确，它作为一种与劳动者和劳动过程有关的社会问题从此进入了学术研究的“视野”（孟续铎，2013）。越来越多的学者对过度劳动的概念进行了适应我国理论与实践的拓展和完善。过度劳动就是“过度疲劳”，是一般性工作疲劳未得以及时休息和恢复，不断累积的结果，也难以通过短暂的休息轻易消除（陈锐，2010）。这个概念强调了过度劳动具有疲劳蓄积且不易恢复的特点。过度劳动是指人力资源在较长时期的过度使用，即就业者在较长时期处于一种超出社会平均劳动时间和强度的就业状态（王艾青，2006）。此表述强调了过度劳动的超长工时和超强负荷的特点，并且形成了与社会标准劳动的对比。过度劳动是指劳动者在其职业生涯当中，在较长时期内，已经感知到机体或精神的疲劳且这种长期疲劳已经影响劳动者的身体健康或工作生活质量，但出于各种因素的驱动而仍然提供超时、超强度劳动的行为状态（王丹，2010）。鉴于以上概念有的主要强调过度劳动的后果和表现，有的侧重在表明过度劳动的行为过程，所以，之后的学者对它们进行了综合。过度劳动可以简称“过劳”，是指劳动者在其工作过程中存在超时、超强度的劳动行为，并由此导致疲劳的蓄积，经过少量休息无法恢复的状态（孟续铎，2013）。

关于“过劳死”的定义，主要采用日本厚生劳动省对“过劳死”的半官方解释：因过度的工作负荷导致高血压、动脉硬化等固有疾病恶化，脑、心脏疾病病发，以致永远失去劳动能力或死亡的状态（卿涛，2015）。在日本，“过劳死”的认定范围不仅包括因过度工作诱发的心血管类疾病，还包括其他急性病，诸如因过度工作而缺乏自由时间看病，从而延误了治疗的疾病以及因此而致自杀的情形（孙国平，2010）。

2.2　经济学视域下的过度劳动的文献梳理

理论构建泛指提出或建立理论体系的过程，这个过程通常是将概念、定义和命题进行逻辑演绎或归纳形成体系，陈述两个或两个以上经过选择的社会现象之间的关系。依照建构方法和路径的不同，可以分为“探索性研究”与“验证性研究”，两者结合在一起就形成了一个“研究圈”（见图2–1）(See Ann &Scott Greer，1974)。

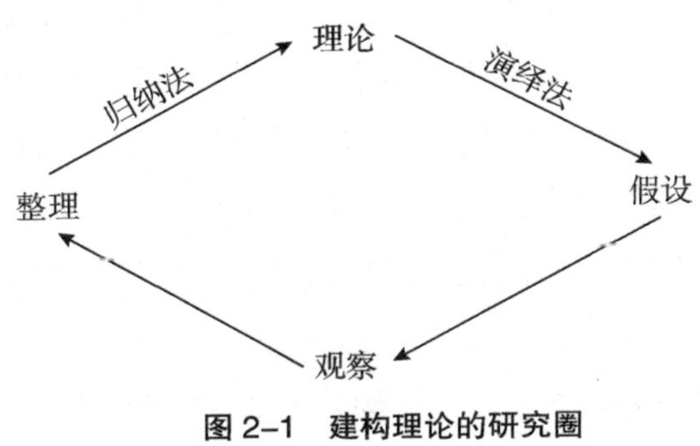

图 2–1　建构理论的研究圈

笔者将按照以上逻辑梳理过度劳动理论体系的建构过程及形式。当然，关于过度劳动核心概念的界定在上一小节已经交代清楚了，接下来要探讨的是用以指称过度劳动这一社会事实的其他理论概念，维度变量及它们之间相互联系和因果关系的搭建过程，以及目前形成的理论研究框架。

2.2.1 过度劳动根源及实质的探索性研究

1. 基于马克思“劳动异化”思想对过度劳动的剖析

西方学者对异化思想的研究不仅仅局限于劳动层面，还会涉及人与自我的疏离、对商品的盲目崇拜以及人被东西化的过程。但他们的分析中也不乏对工作时间及其后果的分析。长时间的工作和低收入已经让劳动者无法运用属于自己的时间改变其前景，整个社会对资本的追逐超越了人们的理性，摆脱这个逻辑困惑的关键居然是更为艰难的工作（Mcqueen H，2001）。王丹（2010）将过度劳动归因于人的社会属性与自然属性之间的冲突和矛盾在当前社会经济形态和制度环境下的显性化。而对于过度劳动的实质，她认为劳动者原本因为“对劳动是需要”而参与劳动，进入工作场所并与生产资料结合，但却最终“被劳动所驾驭和控制”，发生了劳动异化（卿涛、纪义予，2015）。总之，劳动异化思想为过度劳动理论提供了关于人的属性与社会制度的思想基础。

2. 从微观、中观、宏观层面对过度劳动根源及实质的探究

就微观个体而言，传统的劳动力供给理论认为，人们分配工作时间和闲暇时间来最大化个人效用。然而，人们有时工作时间太长，会损害他们的身体或心理健康，因此可以将非金钱因素引入到传统的效用函数中（Kuroda S，Yamamoto I，2018）。由于工作时间和工作满意度之间存在相关性，因此，劳动者“过度劳动”实质上还是符合效用最大化原则的，只是效用的概念更丰富了。中观组织层面，学者们探讨了组织环境的根源性作用，包括工作场所的实践、政策和程序是否鼓励或者期望员工表现出过度劳动的状态，即组织的过劳氛围（Greta Mazzetti，2014）。宏观层面，社会环境、社会文化、社会所处的经济发展阶段都是滋生过度劳动的土壤。根据工作时间发展的“Z”型假说，从20世纪中叶到21世纪20年代，中国正处在从中低收入国家向中高

收入国家、工业化前中期向工业化后期发展的过程中，此阶段将出现劳动者工作时间延长和过度劳动现象（孟续铎，杨河清，2012）。当然，也有学者认为应当探究市场供求失衡的深层原因。我国当前的过度劳动现象，主要不是劳动力市场供大于求造成的，而是劳动力社会再生产条件恶化的微观表现，相当多劳动者过度劳动的压力不是来自资方，而是社会生存环境（刘福垣，2014）。当然，我国的过劳问题具有特定的社会文化根源：有两种文化对员工的行为影响较深，一是本企业的企业文化；二是社会文化，包括勇于奉献的敬业观、劳动光荣的传统价值文化及追求利润的市场文化等（陈晓征、刘永梅，2010）。

2.2.2　过度劳动维度的构建及测量

在对过度劳动进行测量之前，首先需要对过度劳动包含的概念维度进行构建，而维度是由概念的内涵决定的。侧重点不同的概念内涵体现在测量维度上也不尽相同。根据上述过度劳动的概念、内涵及其构成要件，过度劳动的评定至少应包含两大维度，即劳动者的疲劳状态和工作状态；根据疲劳状态的表现和测量划分为躯体症状、精神症状和神经感觉症状三个方面，工作状态的评定划分为劳动时间、劳动强度两大方面（王丹，2011）。过度劳动的概念是行为与状态的统一：既包括超时、超强度的劳动行为，也包含劳动者感知到疲劳蓄积的身心状态，并且劳动行为与疲劳状态之间存在着直接的因果关系。因此，从概念上判断劳动者是否“过劳”，就看是不是同时满足以上三个条件（孟续铎，2013）。综上可见，过度劳动是个“过程+结果”的概念，既反映了动态的工作行为维度，又反映了静态的疲劳后果维度，而且二者之间应当存在理论或实证基础的因果关系。

在过度劳动的测量方面，我国学者最早引进的是日本中央劳动灾害防止协会设计的疲劳蓄积度诊断量表，以及自觉症状调查量表（日本产业卫生学会）、蓄积疲劳症候指数调查量表（日本劳动科学研究所）等在该研究领域相对成熟的量表。后来，通过不断尝试和实际调整，也设计出一些更适应本土化研究的量表，比如劳动者的疲劳蓄积度自己诊断调查表（黄河等，2009）、疲劳自测量表（FSAS：Fatigue Self-assessment Scale）（王天芳等，2009）、企业员工职场行为与疲劳状况调查问卷（孟续铎，2014）等。

2.2.3 过度劳动成因及形成机制的验证性研究

1. 过度劳动成因的验证性研究

总的来说，过度劳动的成因包括社会环境、组织及工作特性、个体人格特征三个方面。川人博（1992）、森冈孝二（2006）、酒井一博（2007）、熊沢诚（2010）等多位学者研究发现，宏观经济环境是过度劳动形成的重要的背景因素，比如新型通信技术带来的劳动关系变革、物质至上为特征的“工作——消费恶性循环”、经济全球化引发的“产业空洞化”等都不同程度地推动劳动者进入过度劳动的漩涡。Schor（2005）对OECD国家的研究表明，基尼系数与年工作时间之间存在显著关系，基尼系数每增加一个标准差，该国家劳动者的年工作时间也增加相应的比例，这说明，收入不均等和贫富差距是导致过度劳动的重要因素。另外，从企业内部劳务管理系统的角度出发，日本甲南大学的学者熊沢诚认为过度劳动的成因可概括为“强制自发性”（吴迪，2013）。童玉芬认为，劳动力市场上供需质量不匹配，雇主对劳动力质量的需求过剩、而劳动力的供给质量不足，雇主只能通过延长工作时间或增加工作强度来获得所需收益，从而造成过劳。Lonnie Golden（2006）在对美国劳动时间进行历史回顾，并对劳动时间供给影响因素研究后发现，工人工作时间的不断延长反映了工作场所约束、制度、激励、工作条件、组织文化、宏观经济环境、偏好形成、行为传染和天生动机之间的复杂互动，这份潜在因素清单打开了劳动力供给偏好的黑箱，也反映了工作狂或过度工作的复杂性。Kuroda S，Yamamoto I（2018）利用日本工人的纵向数据，研究了过度劳动和心理健康之间的关系，他们发现，当人们每周工作超过55小时时，工作满意度就会上升，但同时工作时间线性地侵蚀了工人的心理健康。这些发现暗示那些高估工作满意度的人工作时间过长，因此会损害他们的精神健康。

2. 过度劳动机制的验证性研究

关于过度劳动的形成机制，不同学科的研究者尝试从本领域的理论出发提出假设，做了很多验证性研究并形成了丰富且有意义的文献成果。国外学者从个体选择视角探索人们不顾自身健康损失延长工作时间的问题，他们提出了“工作沉迷”（Workaholism）“工作狂”（Workaholic）和“繁重工作投资”（Heavy work Investment）等概念。因此，他们的研究侧重点在工作沉迷、工作狂、繁重工作投资等的形成机制方面。工作沉迷是对过度劳动和持续工作的需要，这可能导致个人的身体和心理问题（Carlotto M S，Wendt G W.et，2014）。从成瘾的角度来看，工作狂可以被定义为过度关注工作，被无法控制的工作动机所驱使，在工作上花费如此多的精力，以至于损害了私人关系、业余活动或健康（Andreassen C S.et，2012）。Snir 和 Harpaz 于2014年出版了《Heavy Work Investment》，这本书系统阐述了一个新的概念——繁重工作投资(HWI) 的发展、理论和研究前景。HWI 是投入大量时间和精力的工作，这一概念的两个核心维度是工作时间与投入精力，HWI 的创新在于它建设性地使用繁重工作投资的视角理解工作强力卷入的现象，极端和持续的 HWI 可能会产生严重的后果。

虽然国内学者对过度劳动的定义还未完全统一，但基本内涵比较接近：长期超长超负荷劳动蓄积疲劳后引发的身心健康问题的过程及后果。张春雨等基于JD-R模型的过劳产生机理模型揭示了员工产生过劳的关键在于工作要求和工作资源的双重作用，同时整合了非工作场所的压力源及员工个人因素构建了过劳产生的机理模型（张春雨，2010）。王素娟（2012）将过度劳动的形成要素归纳为基础变量、直接变量和间接变量三大维度，基于JD-R模型构建了过度劳动的形成机制模型，并将工作压力度作为中介变量，运用实证研究的方法验证了上述三类变量之间的关系，动态解读了过度劳动的形成机制。王欣（2016）做了更深入具体的研究，构建了企业员工“过劳”形成的驱动机制理论模型，分析了各变量之间的关系，发现工作沉迷在工作要求、工作资源与“过劳”程度之间起到部分中介作用且显著；工作要求对“过劳”程度的促进作用显著，工作资源对其的减缓作用显著。王丹（2011）根据经济学、管理学和心理学的相关理论，将过劳的影响因素划分为前因变量：社会文化、社会经济、社会制度；决定变量：个体特质、管理因素；调节变量：群体特征、工作任务这三类。孟续铎（2014）的“输入—输出”模型由四个部分构成：输入因素、主体、转换过程、输出结果。该模型综合考虑了社会环境、政府参与度、组织环境、劳动者个体等方面的因素，并通过外推和内促两个转换过程解读了过度劳动行为及其与外部环境之间的相互作用。

2.3 创业者工作与健康的文献梳理

2.3.1 创业者自身特征研究

关于创业者自身特征的研究在20世纪80年代之前非常繁荣。法国经济学家康迪隆作为最早开创创业管理研究的学者，将创业者定义为组织生产或促进商品货物流通，并承担一定风险的人。创业者从开创事业伊始就进入了风险决策和承担的进程中。Knight (1921)将创业看作是不确定情境下的冒险。Schumpeter (1935)将类似创新、成就取向、控制力和其他创业者的人格特征纳入了经济发展理论中；McClelland (1961)将成就动机概念和创业、经济发展联系了起来。研究者们运用不同理论视角对创业者的自身特征进行了实证研究，可将其归为六类（见下表）：

创业者自身特征研究视角、主要结论及关键理论

视角	主要实证结论	关键理论
特质	具有特定个性的人会选择创业生涯，因为这最符合他们的职业需求和资格	研究者职业锚理论（Schein，1978），职业倾向理论（Holland，1978）和大五人格理论（Costa and McCrae，1992）
认知	每个人的认知倾向都不一样，有些人对创业者持有更积极和偏好的评价，因此会开始新的事业	前景理论，启发式和偏见理论（Tversky and Kahneman，1974）
情感	情绪和感觉对创业者的认知评价有很强的影响，从而影响创业的决策	情感注入模型（Forgas，1995），社会交换的情感理论（Lawler，2001）
动机	一些人（打算）开始新的事业，因为他们认为这种选择比其他选择更可取，更可行	沙佩罗的创业活动模型（Shaperoand Sokol，1982）
学习	个人观察企业家作为榜样，并倾向于在特定条件下模仿他们的行为	社会学习理论（Bandura，1977）
经济	个人理性地选择创业是基于成本效益理论	规范性决策理论，人力资本理论（Becker，1964;Boskin，1974）

20世纪90年代，一些研究报告显示出人格特质与创业之间关系的不一致、甚至冲突的实证证据，人格取向因此受到了猛烈的批评。随着大五人格模型的出现，个体人格特质的界定与结构更为明晰，有利于探求个性特征与创业的关系；同时，心理测量元分析技术有助于提高实证研究的信度，并降低误差，创业人格研究重新被关注。Rauch和Frese根据“创业成功的Giessen–Amsterdam模型”构建了描述创业者人格特征与成功关系的模型，见图2–2。

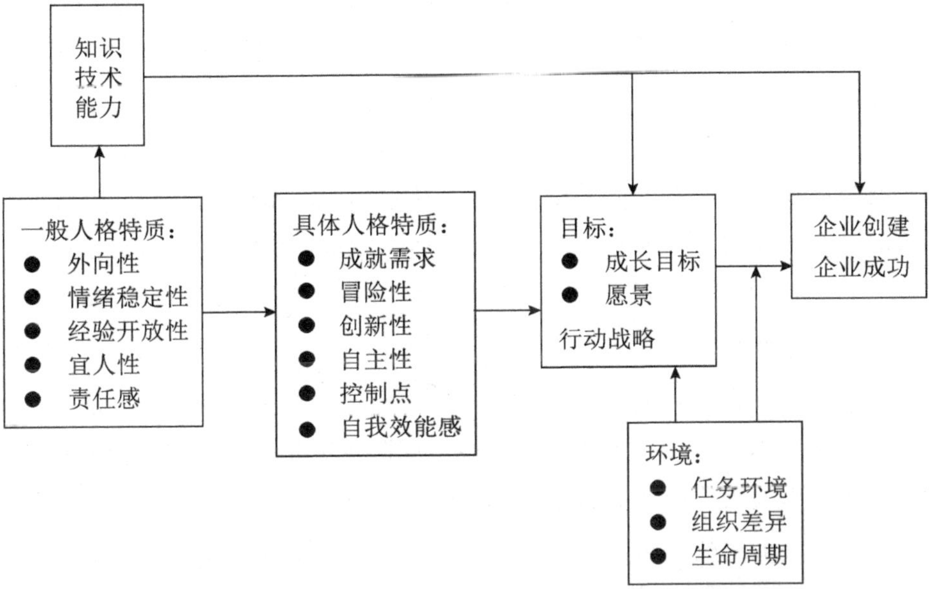

图 2–2 创业者人格特征与成功模型 (Rauch & Frese，2007b)

除人格特质外，创业者素质特征也是学界关注的研究领域。国外研究中最为突出的10 种创业者素质为：创新能力、社交能力、教育水平、坚持不懈、识别商机、管理组织能力、责任心、决策能力、独立自主、冒险精神。辛保平等人（2005）提炼出了“中国创业者10大素质”，按其重要性排序分别为创业欲望、忍耐力、眼界、交友、明势[①]、敏感、人脉、谋略、胆量和自我

① “明势”出自狄仁杰（唐），《宦经》：为官必明势也。上心易变，下意莫执。上好之勿驳，下言之勿信。

反省能力。中外创业者素质特征存在较大的差异，国外更加注重创新能力和社交能力；而在中国，创业欲望和忍耐力对于创业者来说显得更为重要。

2.3.2 创业者工作特征研究

研究创业者工作特征的文献大体可分为三类：创业者的工作时间特征；创业者的工作压力状况及创业者的工作—家庭冲突。

1. 创业者的工作时间特征

高强（2016）研究发现，创业者工作更长的时间并且承担更多的责任，但能够更好地支配自己的工作，在工作方面，创业者的自主权非常显著地高于就业者，同时每周工作的时间也比就业者长很多；创业者不仅能够获得较高的收入，还能获得更强烈的幸福感，更多工作上的自主权。企业家要想成功，必须同时扮演多种不同的角色，同时处理多种不同的事情，企业家的多元性时间观念越强，对准时性、时间表和最后期限的强调就越少，但对快速工作的偏好就越高。

2. 创业者的工作压力状况

创业者的劳动具有不确定性强、超量工作、责任重、风险高、压力大等特点。李宁，李论（2017）的研究发现：创业者感受到的时间压力会促进创业者做出更多努力，而创业者感受到的情境压力会减少创业者的努力；创业者感受到的压力不仅会带来消极情绪，而且会激发其积极情绪；创业者的积极情绪和消极情绪在创业者感受到的压力与创业努力之间存在部分中介作用。

3. 创业者的工作—家庭冲突

工作与家庭冲突通常可以是基于时间，基于压力或者基于行为等产生的。其中个人因花费在履行工作或家庭中某个角色的时间过多而无暇履行另一个角色的需求而发生的冲突是被研究最多的也是最常见的。个体的创业活动一般离不开家庭的支持。在创业早期阶段，启动资金通常来自家庭自有资金的投入，家庭成员会在新企业帮忙，成为最早的企业管理团队成员，甚至很多创业企业早期是在家庭住所中办公的。除此之外，能够兼顾家庭和事业正是很多创业者的初衷。但是，随着创业活动的逐步发展，相比于就业者，创业者的工作和家庭平衡似乎更容易被打破，甚至引发冲突。

Aldrich 和 Cliff（2003）运用家庭嵌入理论探讨新企业创建过程与家庭的互动关系，研究发现，创业者的家庭特征(如家庭制度，成员关系，价值观等)会影响创业者机会认知，创新决策，资源调配和战略执行等一系列行为；同时创业的结果也将影响其家庭的资源积累和转型，并最终改变家庭成员秉承的规范、态度与价值观。国内创业学者近期也开始关注创业者面对的工作与家庭冲突、应对策略及其对创业绩效的影响。田莉，张玉利（2018）通过对中国创业动态跟踪调查的201个新生企业的实证研究发现：创业进程与工作家庭冲突水平之间呈现出一种倒U型关系；同时，创业者感知到其所在地区对创业活动的社会支持程度会弱化创业过程与工作家庭冲突间的曲线关系。

2.3.3　创业者工作与健康的相关研究

1. 创业者与就业者健康的比较研究

检索发现，关于创业者健康及影响因素的文献很多是与就业者的比较研究。相比于就业者，创业者的健康状况及影响因素是否有显著不同是研究的一个侧重点。美国学者利用NHANES[①]数据做了一个创业者与就业者的样本对比，结合自我报告和生理测量的压力和健康，研究结果表明(控制过去的收入和先前的健康)个体经营者比员工承受更大的压力，他们经历了压力对收入的积极影响，但对身体健康有负面影响，同时，这些关系被积极的情感调节，减轻了压力对身体健康的负面影响（Cardon M S&Patel PC，2015）。另一些实证则发现，企业家拥有更加积极的工作心态，因此会从积极的健康后果中获益。数据显示：相比于就业者，创业者表现出明显较低的整体躯体和精神发病率、较低的血压、较低的高血压患病率和躯体形式障碍，以及较高的幸福感和较有利的行为健康指标。相对于国外学者对创业者身体生理健康研究的重视，国内学者则更侧重对创业者心理健康的研究。对劳动力市场中创业者的创业回报问题的实证研究结果发现：创业者的收入显著高于就业者，同时创业者也会获得“较多”的非货币回报；创业者的健康状况和幸福感都要优于就业者（高强等，2016）。

① National Health And Nutrition Examination Survey，全国健康及营养状况调查。

2. 创业者工作与健康关系的研究

从现有的研究来看，创业者健康还属于创业领域中一个比较新的概念，有关个体特征、职业特征、创业压力对于创业者健康的影响实际上是夹杂在一起的，不同的因素从正面或者负面影响创业者健康状况的同时也在彼此互相发生着联系。林嵩等（2020）将创业者健康所涉及的不同因素之间的关系整理成“情境—反应—健康”的分析框架，见图2-3。

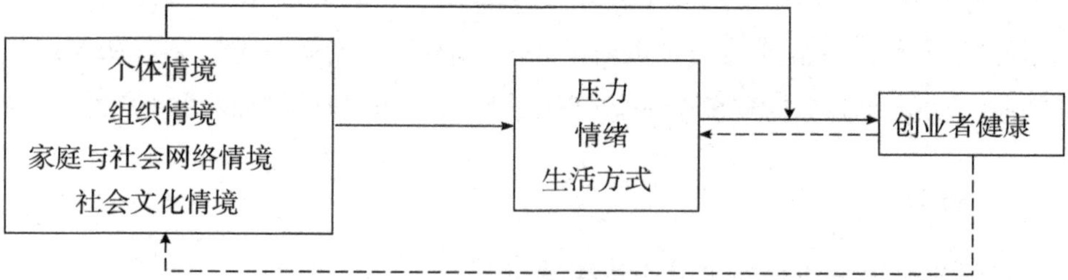

图 2-3　创业者健康研究框架

关于创业者工作与其健康关系的研究主要集中在两个方面：一是创业者承受的压力对其健康的负面影响；二是创业者工作自主性及收入增长对其主观健康评价的积极影响。这些实证结论大多基于某个国家或某次调查的数据，虽然依据相关理论也具有相对明确的统计学意义，但并不能简单地认为它们具有普适性。

2.4　劳动供给的行为经济学研究文献梳理

劳动供给是指劳动力供给决策主体（家庭或个人）在一定的市场工资率的条件下，愿意并且能够提供的劳动时间。新古典经济学假定劳动者具有完全理性，为了实现效用最大化，在工资率给定条件下，对自己拥有的有限时间资源进行合理配置。完全理性地假设为劳动经济学分析劳动力市场问题提供了理论基准，而为了更好地解释在真实世界所观察到的行为，行为劳动经济学对原有理论的修正和扩展，引入了心理和行为视角，追加更符合现实的元素，运用有限理性人假设，通过实证研究方法，对劳动力市场中各主体的行为进行分析、解释以及提供政策建议，重新审视和验证了诸如劳动参与决策、日工作时间决策、最低工资、工资刚性、失业等实际的劳动力市场主体行为，由此开辟了行为劳动经济学这一研究路径。本研究的初衷是构建创业者过度劳动行为形成机制模型，希望借鉴行为经济学在劳动供给决策研究领域的研究成果，使得最终形成的模型既能保留原有文献中一些模型的一般性、简约性，又更具有系统性和符实性，因此，笔者尝试引入行为劳动经济学的相关理论基础与研究方法。

2.4.1　劳动供给偏好的丰富化研究

对于劳动者而言，引导其劳动供给行为的不仅仅有经济利己动机，还有非经济性的需求动机。行为经济学领域的研究者做了大量实验，比如信任实验、礼物交换实验、最后通牒实验和公共物品实验等，实验结果表明，个体除了追求物质收益外，还具有互惠、公平、不平等厌恶等社会偏好。理论上，由于个体行为是建立在组织和社会基础上，个体间的相互作用使其在考虑自身物质收益外，会有许多他涉偏好(Other-regarding Preference)，如公平偏好、互惠偏好、认同感等，都会对激励有重要影响，这构成了行为劳动经济学的主要内容（王晓文，2014）。

Falk A，Fehr E（2003）研究发现劳动者不仅关注个人绝对所得，也关注与他人比较的相对所得，会有意识地平衡自己和他人之间的相对收益，即使这样做可能会牺牲个人部分所得。这反映了劳动供给决策时存在公平性偏好。基于互惠性偏好的研究成果是“强互惠”（Strong Reciprocity）理论，该理论认为人类在群体中存在为了维护合作秩序而付出高昂代价的亲社会性偏好。此种偏好使人们不仅关心自己的利益，也关心利益相关者的利益，会奖赏对他人善意者同时惩罚对他人恶意者。互惠性偏好取决于决策者感知到的他人对待自己的态度以及分配是否合理，友善与公平将获得奖赏，而敌意与不公将受到惩罚，这些与预期物质利益无关。劳动者还倾向于目标设定偏好，具体表现在个体劳动力供给行为并非按照生命周期来安排，而是以某一较短时间段(如每天)为跨度设立一个收入靶，在该时段内努力工作直至达到这一收入目标，若未达到收入目标，就被视为蒙受收入损失（董志强等，2008）。

行为经济学关于社会性偏好的研究揭示了劳动供给决策行为的更为符实的心理学基础。传统经济学分析认为，价格机制是决定劳动供求关系的主要机制，而行为经济学家运用实验研究方法发现，身份认同、公平偏好和互惠同样是影响个体行为的外部激励要素，这也是行为学、心理学研究成果在当前劳动学研究的主要应用(王晓文，2014)。

2.4.2 劳动供给决策行为的前景理论研究

新古典经济学首先把个体的劳动供给决策看成是消费与闲暇的权衡，通过最优闲暇的选择，也就相应地给出了最优的劳动供给（章泉，2006）。在新古典劳动经济学物质利益偏好和物质效用最大化的假定下，努力水平只是绝对工资率的函数，员工付出多少努力仅取决于努力的边际负效用和边际工资率之比较，不受任何其他相对比较之影响。但在现实世界中，雇主会采用包括提薪、升职、培训、福利保障及工作认可等多种策略来激励员工，因为人是复杂的社会人，不可能仅通过调整工资率满足其物质需要就使得员工更加努力。行为经济学的前景理论发现人们在决策过程中存在损失厌恶、收入靶假说和参考依赖偏好等三个基本心理要素，这对于提升劳动供给决策研究的符实性是有益的理论支持。

首先，行为经济学通过实验发现，相比于新古典期望效用模型，基于参考点、损失厌恶、决策加权等心理基础的跨期替代模型能更好地解释短期劳动力供给决策问题，比如信差工人面对工资率上升会降低其努力程度，即工资的边际努力弹性为负的现象。因为，当短期工资率上升时，信差首先因替代效应会增加劳动供给（工时），进而增加劳动收入，但随着工作时间增加，收入增加带来的效应使得信差不愿意继续增加劳动工时，表现为边际努力递减。其次，现实中，某些劳动力供给行为具有间断性且可自由安排供给时间(如出租车司机、邮差、保险营销员等)，此类劳动力在短期内的供给并不总是增加的，而是以一个明确的短期收入(比如以日、月甚至年为间隔期)为收入靶，随着工资率增加或获得临时提高，人们会表现为先增加努力后减少努力（董志强等，2010）。原因是人们内心设置了收入靶作为参考点，没达到参考点前，人们努力工作增加收入的意愿很强，一旦达到参考点后，人们对收入的偏好及满足感逐渐减少，努力动机开始减弱。最后，在实验劳动经济学研究领域，参照依赖具有重要意义，比如在企业的奖金制定方面，由于存在参照依赖，员工根据不同的参照点对奖金进行评价，其评价结果会对工作满意度以及随后的工作效率产生影响（朱琪等，2015）。

总之，将行为经济学前景理论引入劳动经济学研究发现，劳动供给决策主体不仅仅在劳动和闲暇之间比较，还将在动机、目标和激励之间进行权衡；劳动者在进行供给决策时不完全是充分理性分析后的选择，会运用启发式，从而形成习惯等；决策者是损失厌恶的，更渴望与组织建立忠诚、安定、和谐的劳动关系。

2.4.3　行为工资理论

工资理论一直是劳动经济学研究的热点。新古典理论将劳动者假定为在市场工作率和时间约束条件下追求效用最大化的理性经济人，但随着科技进步、生产组织方式变革、经济和社会结构的演进，工资实践中的很多问题都对此种标准范式提出了质疑和挑战。行为及实验经济学的大量研究成果促使劳动经济学家重新审视劳动力市场中供需双方的行为决策过程及其绩效结果，比如以最低工资或保留工资为参照解释工作搜寻行为，劳动者进行工作时间决策时更关注工资的公平性与竞争性。

最低工资不仅影响工人个人的保留工资，同时也影响其公平工资。在引入最低工资后，工人的保留工资有所增加，追求利益最大化的企业因而被迫支付高于最低工资的工资(Gächter S.，2003)。同时，工人们热衷于选择参照点，对横向与纵向公平程度的比较与关注很大程度上决定了工人是否拒绝低的工资提议。最后，追求利润最大化的雇主在最低工资引入后，发现增加雇佣人数是明智的，而在最低工资取消后减少雇佣人数是不明智的。

总之，行为工资理论是对主流工资决定理论的补充和完善，通过实验经济学的方式对微观层面现存的效率工资理论、供求工资理论和议价工资理论等提出了质疑，但也结合新制度经济学以及行为经济学的研究成果对工资理论进行了拓展和补充，并提供了更为现实和坚实的理论基础和解释力。

2.5 文献评述与启示

通过对与本选题相关的国内外文献进行梳理，追踪国内外学者对该选题的研究进展和前沿成果，梳理研究脉络，发现本领域研究的薄弱处或空白点，发掘可获得的理论支撑，为本研究奠定文献基础。下面将就已有文献总结与薄弱点和可获得的理论支撑与启示两个方面进行阐述。

2.5.1 文献总结及薄弱点

本研究选择创业者作为研究主体，希望能从劳动者供给行为决策视角对过度劳动的演进过程及形成机制问题进行更深入的研究。因此，需要首先了解国内外对于“过劳”问题的研究、创业者过劳相关研究及相关经济学前沿理论，通过本章文献梳理，笔者发现，尽管国内外在“过劳”方面已经取得了一些成果，但针对创业者过度劳动问题的研究还非常薄弱。

第一，“过劳”研究对多学科融合有较高需求，但目前对于“过劳”的概念、内涵、维度及测量等问题还缺乏共识。从经济学视角出发，过度劳动是指劳动者提供的劳动量超过了个体可持续生产的能力边界，并且它是个“过程+结果”的概念，包含了持续超时超负荷工作及疲劳蓄积的过程和无法通过正常休憩恢复的身心健康受损的结果。个体可持续生产的能力边界决定于主客观两个条件：客观上是法律规定的标准工作时间及相应的工作负荷标准（有赖于职业劳动强度规制的完善）；主观上是劳动者蓄积的身心疲惫感且无法通过日常休憩得到恢复。这两个条件都是必要但非充分条件，当二者同时满足时，我们即可认定该劳动者属于过度劳动。当然，如果劳动者已然出现过劳致病（有赖于医学界定过劳病的清单），过劳致伤，过劳致残及过劳致死的现象，那就突破一般过度劳动的范围，可以依照第一个超时超负荷工作的必要条件再加上客观的医学判定认定其相应的严重过度劳动的级别。以上是对“过劳”的普适性界定，对于创业者这一特定劳动力的“过劳”认定与测量问题还需有针对性的专门研究。

第二，关于创业者“过劳”问题的研究基本处于空白状态。考虑到“过劳”在结果维度上表现为身心健康问题，因此通过查阅创业者工作与健康方面的文献可以在一定程度上了解创业者自身特征、工作特征等因素与创业者健康的关系，进而分析创业者过劳的影响因素。相关文献显示：相较于非创业者，创业者的个人特质、工作时间特征、工作压力状况、工作—家庭冲突及外部环境因素与创业者健康存在显著相关性。但进一步聚焦到创业者“过劳”现状的评估、形成机制及影响因素等的探讨还缺乏必要的数据支持和研究成果。

第三，“过劳”在微观个体层面研究较为薄弱。笔者认为，经济学视域下“过劳”问题的核心是劳动力个体供给决策问题。运用新古典劳动经济学理论可以对符合完全理性劳动者的供给决策做出合理解释，但对于“收入靶”“工作成瘾”等现象存在解释力不足的情况。这可能是导致“过劳”在微观个体层面研究较为薄弱的原因。行为劳动经济学尝试引入更符实的心理与行为决策基础，对劳动供给偏好进行丰富化研究；通过前景理论发现劳动力供给决策过程中存在参考点、损失厌恶和决策加权三个基本因素。

以上理论有助于研究者理解劳动供给决策主体不仅仅在劳动和闲暇之间比较，还将在动机、目标和激励之间进行权衡，以期在微观个体层面解读“过劳”现象。

2.5.2 理论支撑与启示

本研究尝试在新古典劳动经济学理性基础上，融入行为经济学的前景理论、方法，运用经济行为决定模型考察创业者“过劳”问题。因此，在本章文献梳理基础上可获得的理论支撑与启示如下。

1. 劳动供给理论与创业者过劳决策过程分析

新古典经济学假定劳动者具有完全理性，为了实现效用最大化，在工资率给定条件下，对自己拥有的有限的时间资源进行合理配置。完全理性假设为劳动供给决策分析提供了理论基准，但为了更好地解释在真实世界所观察到的行为，行为劳动经济学对原有理论进行修正和扩展，引入了心理和行为视角，追加更符合现实的元素。将行为经济学前景理论引入劳动经济学研究发现，劳动供给决策主体不仅仅在劳动和闲暇之间比较，还将在动机、目标和激励之间进行权衡。劳动者在进行供给决策时不完全是充分理性分析后的选择，还存在参考点、损失厌恶和决策加权等三个基本因素。这一理论可支撑创业者过劳相关的劳动供给决策过程分析。

2. 前景理论与创业者过劳演进阶段分析

相对于传统的理性选择模型所隐含的寻求约束条件下最优决策的理念，前景理论的目标是为那些偏离理性选择模型的现实提供更具说服力的解释。古典经济学在面对风险或不确定条件下的决策问题时，提出了期望效用理论（Expected Utility Theory），该理论以期望理论为前提，遵循信息完备、偏好公理、完全理性等原则，个体可对预期的各种可能进行效用估值，按照最大化原则做出选择，因此属于理性选择的规范性模型。但这些基于对未来结果预测做出的决策往往与现实中人们的选择是不符合的。前景理论作为描述性模型，关注行为过程，是基于有限理性及主体决策过程中的心理机制，分析个体与外部变化之间的互动。决策主体会根据对不同前景评估的总效用价值，依照价值最大化原则选择最满意解。这一理论可用于分析创业者过度劳动逐步演进的阶段。

3. 创业者行为理论与创业者过劳形成机制模型

创业者行为是指个体（或团队）为了开创或成长新组织需要实施的具体的任务或活动组合。创业者行为理论解释了创业者创建新组织的关键点：创业机会的开发、新企业创立、发展和早期成长，发掘这一过程中蕴含的客观规律，文献成果的新知识对经济学、心理学、社会学等相关领域的研究也有借鉴意义。创业者的行为不仅是创业者个体因素的转化，而且很大程度上决定着创业活动的过程与结果。创业者个体因素是指创业者个体的特征、认知、动机、情绪、知识、经验、能力等因素（王秀峰，2016）。不同特质的创业者在创业行为上的差异，例如实施时间早晚、水平强弱、方式不同，会对结果产生影响。另外，创业者自身特征、工作特征、环境特征等对创业者行为演化过程的理论可作为创业者劳动供给决策行为的解读视角，尤其支撑影响创业者过劳因素的剖析。

第3章

创业者过度劳动行为的前景理论分析

经济学的核心问题是选择问题。传统古典经济学提出了约束条件下效用最大化的解决模式，由于其规范性、严谨性及通用性，长期占据经济学主流地位，被视为标准经济模型。为了做到这一点，标准经济模型预设和隐含了诸多假定：当事人绝对利己、完全理性及稳定的偏好等。但这些假定在现实中有时候并不符合，甚至会被彻底颠覆。面对创业者“过劳”问题，创业者的工作时间与收益之间的关系并非明确而线性的，创业的投资收益是高风险的不确定收益，依照古典经济学分析，创业者超时劳动、超负荷工作所引发的过度劳动，成本是必然的，尽管其大小无法精确计量，但收益存在较大的偶然性，那么，创业者过劳并非完全理性的选择。针对这种偏离理性选择模型的现实，前景理论的目标是提供更具说服力的解释。前景理论作为描述性模型，关注行为过程，是基于有限理性及主体决策过程中的心理机制，分析个体与外部变化之间的互动。决策主体会根据对不同前景评估的总效用价值，依照价值最大化原则进行选择。这一理论可用于分析创业者过度劳动逐步演进的阶段。本章将在对过度劳动的行为基础、要素分析的基础上运用前景理论推导出创业者过度劳动的演进过程。

3.1 行为经济学假设下过度劳动的行为基础

3.1.1 有限的资源——时间与健康

资源的有限性或者说稀缺性是经济学分析的核心假设之一。一方面，相对于人们无限增长的欲望而言，资源永远是相对不足的；另一方面，每一种资源被使用于某一种用途时势必需要放弃其他用途，资源配置的选择性是资源有限性的显性特征。选择就是在对可替代的备选方案进行比较，你选择了一样东西，就必须放弃从其他东西中得到的收益。经济学家将所放弃的次优替代选择的收益称为“机会成本”。对于个体劳动者而言，劳动供给决策意味着对其有限的时间资源进行分配，进而影响到其健康资源的使用情况。

劳动者有限的时间资源即指一天24小时。传统经济学分析中，一般将24小时除去用以维持人生存生活必要的生理时间和家庭劳动时间后，剩余的时间视作个人可自由支配的部分，可以自由选择性地配置于劳动或闲暇。不过由于劳动供给决策往往是以家庭为单位作出的，这种"二分法"显得过于简单，没有将家庭生产及其效率考虑进来。Mincer（1962）首次指出，同样是非市场活动，闲暇和家庭劳动对于劳动者决策的影响是不同的，必须加以区分，使用"闲暇—非市场工作—市场工作"三分法（丁厉等，2009）。这为从性别视角及工作—家庭冲突视角理解个体劳动者时间资源的配置提供了有力的分析工具。

人所拥有的健康可以被看作是一个蓄水池，由于先天禀赋不同，每个人的健康积蓄也存在较大差异，而后天的很多习惯及日常行为都会影响这一健康积蓄的存量，人们都是在牺牲自己的身体健康来换取其他方面的收益。健康作为资源可以从两方面理解：一方面它是消费性商品，当人们患病时，人们感受到不满意，即经济学表述为"无效用"或"负效用"，而不发生病痛时人们往往忽略其效用；另一方面作为投资商品，健康则成为决定人们可支配时间的主要因素，并且影响其生存期限。

从有限的资源视角，劳动者在投入工作的同时也在消耗着健康，在不考虑其他因素影响下，健康折旧率仅与年龄相关，但当劳动者处于持续的超时超负荷工作状态下，健康资源损耗过度就会引发身心问题。因此，过度劳动行为的经济分析应是以劳动者的时间、可承受负荷与健康资源为约束的。

3.1.2　有限的理性能力——最优与最满意

新古典经济学一直将完全理性及偏好稳定作为主体决策的重要原则，行为人由于掌握了全部信息，可以罗列出所有备择方案，并在稳定偏好下运用完全理性挑选出可以实现效用最大化的决策方案。随着有限理性概念的提出，经济学家们提出了基于行为心理学的"令人满意的"而不是基于新古典经济学的"全局最优的"选择过程的判据。其认为，虽然人们希望找到约束条件下的最优解，但是，他们在信息获取、认知能力等方面的局限性意味着人在有限理性思考下的抉择结果难以取得最大值。现实中，人们追求最优解的目的很难达到，只能依据有限理性达成令自己最满意的结果（何大安，2004）。

基于理性，新古典劳动经济学关于个体劳动供给决策的分析是利用收入约束线和无差异曲线表达劳动者在一定市场工资率条件下的资源使用边界，进而依照效用最大化原则选择出最佳的劳动时间和闲暇时间的配置方案。但现实的不确定性和复杂性往往使得精准判断和决策不可能实现。首先，劳动者很难有完备的信息以穷尽所有的备选方案，比如，差别迥异的工资率、非市场劳动的价值、劳动过程中的体验效用等，这些信息的不易获得及变化都增加了劳动者决策的不确定性；其次，随着家庭作为劳动供给单位被认可，劳动供给决策通常不是以个体而是家庭为单位进行的联合决策，劳动者作为家庭成员会依照家庭效用最大化的原则进行时间配置，这无疑加剧了决策的复杂性。最后，劳动供给的决策与商品的消费决策存在很大差异。对个体而言，商品消费是直接提供效用，而劳动时间投入在减少闲暇效用的同时亦会因个人社会需要的满足而增加其效用，若再考虑非市场劳动的价值则更为复杂。

从有限的理性能力视角，劳动者过度劳动行为的决策出发点是寻求工作过程中“令人满意的”安排。有限的信息处理能力使得劳动者只能参照于某个标准来选择令自己满意的时间与健康的资源配置方案。同时，由于过度劳动本身就是“过程+结果”的复杂概念，每一次关于工作时间与投入的选择都伴随着参照点的变化，尽管可以借助理性预期去修正决策结果，但备择方案的概率并非是客观确定的，因此，也就无法找到约束条件下的最优解，只能依照有限理性原则寻求最满意的方案。

3.1.3 有限的自私程度——利己与利他

经济人的“利己性”是古典经济学关于人性的基本假设。利己人性假设伴随着经济学的发展及演化出现了极端化趋势，所有的主体都被假定为无限利己的，所有的行为都以无限利己为唯一准则和出发点。但现实中人们的喜好并不像传统经济学假设的那么直观、简单。塞勒等行为经济学家发现，人们在不同场合的表现大相径庭，有时候表现出比较纯粹的利己行为，而当环境条件发生变化时，同一个体又可能表现得非常慷慨甚至无私，反映出人们偏好的不稳定及对参考点的决策依赖。传统经济学通常是将利他主义置入效用最大化的分析框架，试图使用动机利己性来解释所有的利他行为。但在“效用”这一概念的演化过程中，对幸福感、社会偏好、公平等概念的研究为个体的“利他性”做了更全面和令人信服的解读。人们的决策行为并不是只考虑经济利益这个唯一的标准，人们的需要是多样且复杂的，安全、被尊重、价值肯定、自我实现等非经济利益的需要也会被纳入人类行为决策目标中（林莎等，2005）。那些愿意付出代价让他人状况改善的行为即是利他的，利他并不意味着非理性（David R.Just，2017）

从有限的自私程度视角，劳动者过度劳动行为既包含实现个人效用最大化的利己动机，也包含对遵守制度、社会认可、自我实现等多种社会性需要的诉求。也就是说，劳动者的劳动决策既是建立在个体利己的成本收益分析的基础上，又同时兼容了多维度、多层面的利他的价值比较。因此，过度劳动作为一系列持续劳动投入过程后的结果也可以看作是多次综合考量后的选择与后果。

3.1.4 有限的意志力——计划者与执行者

关于有限的意志力这一行为基础，在经济学的探讨中表现为对“自我控制”的研究。尽管很多人认为古典经济学将经济人表述为严苛受到“看不见的手”理性指挥的决策执行者，但其实亚当·斯密也早已发现了理性决策过程的矛盾与冲突，经济人在自我控制的过程中，需要战胜短视的激情，迫使自己对长期公正进行深思熟虑，最终表现为理性。1937年，萨缪尔森建立了跨期选择模型，将未来消费价值以稳定而有序的折扣率进行贴现，然后与即时消费价值比较，尽管该模型目前仍是经济学标准模型，但他本人曾就未来贴现率会随时变化这一点对自己的模型提出过质疑。如果人们对未来的贴现率是随着时间而变化的，那么他们前后的行为可能会和模型不一致，也就是说，随着时间的推移，他们会改变原来的决定。在决策过程中，人内心有两个矛盾的个体，一个是只关注当下利益与感受的行动者，另一个是关心预期价值与满足的计划者（Richard Taylor，2016）。

劳动者作为决策主体，也完全符合这种特点：一是劳动者的每一次劳动供给决策都试图建立在理性计划之上，尤其对于愈加繁重的工作，他会认真核算付出与预期回报；二是不同个性的主体对预期回报的态度是大相径庭的，他们作为执行者就会采取不同的工作投入策略；三是即便是同样乐观和悲观的劳动者，也可能因外部环境变化、工作感受变化、自我健康损耗等因素调整自己对时间价值的偏好，从而偏离了最初对工作时间及投入的预算轨道。

从有限的意志力视角，过度劳动行为就像劳动者关于长期工作生涯规划与短期劳动供给决策的博弈结果，显然他们选择了持续性地延长每日工作时间，并且坚持对抗蓄积的疲劳感及其引致的身心压力。理解这种选择的关键在于理解人们决策过程中两个自我之间的抗衡。

3.2 基于前景理论对创业者过度劳动行为的要素分析

当我们审视过度劳动的定义：过度劳动是指劳动者提供的劳动量超过了个体可持续生产的能力边界。可见，构成创业者过度劳动的充分必要条件有两个：一是他的工作时间超过了法定的标准工时且劳动负荷过高；二是他因此蓄积的身心疲惫感通过日常休憩无法恢复。当然，对于创业者而言，他们都是企业的最高管理者，他们与企业的关系也非法律意义上的劳动合同关系，因此从客观角度而言，并不存在被动超出法律规定的标准工作时间这一判定。但大量调查发现，相对于就业者而言，创业者的工作时间更长且单位时间的工作强度更大。那么创业者是基于怎样的成本收益考量，依照何种价值判断来持续地超时超负荷工作的？不断蓄积的疲劳感是否影响他的体验效用？他是否将自己劳动能力的可持续性作为劳动决策的考虑因素之一？关于这些问题的解答，似乎传统的期望效用模型并不能给出有说服力的解释，因此，笔者尝试引入行为经济学中的前景理论进行尝试性研究。

3.2.1 前景理论的引入与启示

前景理论（Prospect Theory）是由丹尼尔·卡尼曼和阿莫斯·特沃斯基于1979年首次提出的，该理论的核心是一个以损失厌恶为基础的风险选择模型。相对于传统的理性选择模型所隐含的寻求约束条件下最优决策的理念，前景理论的目标是为那些偏离理性选择模型的现实提供更具说服力的解释。

古典经济学以期望理论为前提，构建了期望效用理论（Expected Utility Theory），遵循信息完备、偏好公理、完全理性等原则，个体可对预期的各种可能进行效用估值，按照最大化原则对风险或不确定条件下的决策问题做出选择，因此属于理性选择的规范性模型。但这些基于对未来结果预测做出的决策往往与现实中人们的选择是不符合的。前景理论作为描述性模型，关注行为过程，是基于有限理性及主体决策过程中的心理机制，分析个体与外部变化之间的互动。前景理论认为，行为主体在面对不确定条件时，是分两个阶段来进行决策的，即先对可能策略的前景进行编辑，而后对其价值进行评估比较。前景是由结果与概率组成，通常用（x，p）表示。其中，x所表示的结果或收益是相对于参考点而言的，即个体会依赖决策框架选择参照标准，从而将相关信息纳入决策过程中。在评估阶段，行为主体会对编辑后的不同前景进行主观效用估值，用价值函数V（x）=v（x）表示。根据前景理论，由于框架效应、损失厌恶、决策加权等心理机制，不同结果对总效用价值的影响是不一样的，与概率p有关，用加权函数Π（p）=π（p）表示。因此，前景理论中，人的主观总体价值（Overall Value）是将价值函数（Value Function）通过权重函数（Weighting Function）调整后得出的，函数表达式如公式3-1所示。其中，权重函数π（p）描述的是前景中的各单个事件的概率变化所带来的总体效用价值的变化；价值函数v（x）则是直接描述前景与人的心理满足状况的相互关系（李睿，2014）。

$$V = \sum_{i} \pi(p_i) v(x_i) \quad \text{（公式3-1）}$$

决策主体会根据对不同前景评估的总效用价值，依照价值最大化原则进行选择。在这一过程中，有三个核心的变量将决定个体决策的模型：参考点、损失厌恶及决策加权。因此，本节我们将通过对创业者劳动供给决策中相应变量的分析来解读创业者超时超负荷工作导致疲劳蓄积的行为过程。

3.2.2　创业者劳动投入的参考点

在前景理论中，参考点是价值尺度的零点。因此，价值变量v度量的是自参考点的偏离值，即收益或损失（尼克·威尔金森，2012）。这与古典经济学中的零点是完全不同的概念。关于参考点，有三点必要的说明：①作为评价每个前景收益或损失的参考基点并非真的是无收益无损失的“零点”；②这个相关参考点与其说是现状倒不如说是期望的状况，是对应于某一选择后财富或福利被普遍接受的水平；③参考点在决策过程中并非一成不变的，它可能随着决策主体期望的调整而变化，进而影响决策结果。因此，对于创业者而言，其劳动投入决策的参考点是他对诸多因素综合考虑比较后选择的标准。

依照前文给出的过度劳动的定义，创业者的过度劳动首先表现为超时超负荷工作，由于工作负荷难以度量，为了便于分析，我们先考虑创业者超时工作的决策。而真正导致创业者过度劳动后果的是他们在感知自身疲劳蓄积的情况下依然持续的超时超负荷工作。因此，本书对创业者过度劳动决策的参考点也是分两个部分来分析的：超出标准工时的劳动决策和超越自身疲劳蓄积继续劳动的决策。

当创业者完成日标准工作时间，他是继续留在企业超时工作还是离开企业自由支配闲暇时间将取决于他做出决策后相对于参考点的损失与收益，此时，参考点的设定就显得尤为重要。对于“超时工作”这一选择，创业者一般会选择“如果不超时工作，企业正常经营的财富状况”为参考点，从而衡量其相对的收益与损失的变量及其概率来编辑这一决策对应的前景。例如，某淘宝店主在经营了一段时间后发现，如果他每天超时工作1小时，大概有50%的概率多挣200元，若仅考虑相对收益的话，那么他对超时工作1小时的前景就会描述为（200，0.5），而不超时工作的前景就是（0，1）。从损失角度来看，若因为超时1小时工作，该淘宝店主只是由于不能自己做饭，就餐增加了外卖费用50元，没有其他额外支出。那么，综上，相对于不超时工作的参考点而言，超时工作1小时的前景为（200，0.5；-50，1）；而不超时工作的前景为（0，1）。相对于50%的概率可以增加收益150元，确定性的没有收益就是不可接受的。显然，该淘宝店主依照价值最大化原则会选择超时工作1小时。

随着超时工作的次数、频率的增加，创业者会感受到疲劳的蓄积，那么此时他是否选择继续超时工作呢？还以上面那个淘宝店主为例，在连续超时工作一段时间后，他感受到了身心疲惫，他渴望早点结束工作休息，他预感自己如果今天继续超时工作，由于免疫力下降可能会有50%的概率感冒，若不超时工作则该概率下降为20%，若购买感冒药的费用为200元。表面上看，他继续超时工作1小时的前景应为（200，0.5；-200，0.5），不超时工作的前景应为（-200，0.2）。那么相对于50%的概率没有损失和20%的概率损失200元，依照损失规避原则，淘宝店主会选择继续超时工作。但其实，更可能的状况是，连续超时工作数日的店主已经习惯了超时工作带来的收益增加，并且由于积累了客户和信用，他更有信心获得超时收益，假设他将此概率调整为80%，因此，参考点很可能从现实财富水平变为期望财富水平。那么他继续超时工作1小时的前景应为（-200，0.2；-200，0.5），不超时工作的前景应为（-200，1；-200，0.2）。比较两个前景发现，它们都有同样20%的概率损失200元，但与后者一个确定性损失200元相比，前者50%的概率损失200元的方案当然会更合意，选择的天平就更加倾向于继续超时工作了，可以用来解释现实中"欲罢不能"的感受。

当然，为了只探讨"参考点"这一变量在创业者劳动决策中的作用，笔者必须将他与前景理论的其他要素相隔离，因此以上的分析及设计的案例做了必要的简化。如果再考虑创业者在风险追逐、认知倾向、情感控制等方面的不同个性特质，那么他们在参考点的选择上会出现较大差异。另外，外部环境即外界信息的影响也会导致参考点的移动。

3.2.3　创业者的损失厌恶

在效用价值方面，决策者对于损失引发效用减少的感觉比同等收入引发效用增加的感觉似乎是不同的，前者的变化更明显。也就是说一个人损失一笔财富对价值影响的权重显然高于其获得同等数量财富时价值增加的权重（Kahneman and Tversky，1979）。举个例子就能更好地理解这一心理机制是如何影响人们的行为决策的。如果，有人提议以投掷硬币的方式赌钱，如果正面向上则赢得100元，如果反面向上则输掉100元，估计没人愿意参加这个赌局。用前景描述这个赌局的结果，其实是一组对称的数字形式（100，0.5；-100,0.5），显然这样的赌注是缺乏吸引力的。这一现象用更一般的数学形式可以表达为公式3-2：

$$v(x) < -v(-x), \text{当} x>0 \text{时} \quad \text{（公式3-2）}$$

这与传统的期望效用理论表达是不同的，标准经济学模型的效用函数是建立在效用值随着财富水平增加边际递减的规律之上，见图3-1。从图中可以看出，这种效用函数是单调递增的，即$u'>0$；但效用函数的斜率是递减的，说明随着财富水平的增加，个体感觉到的效用提升的增幅是在减少的，即$u''<0$。

前景理论的价值函数是基于损失规避的认知规律之上，见图3-2。从图3-2中可以看出，该函数在收益域和损失域都具有递减的边际灵敏度，收益和损失的边际值通常随着它们规模的增大而减少，这与标准经济学中的效用递减规律是一致的，但由于增加了参考点，财富变化的价值函数在参考点以上部分是凸的，在参考点以下部分是凹的，可以用公式3-3表达。当$x>0$时，$v''(x)<0$表示决策者在收益域是风险厌恶的，因为当财富增加时，边际灵敏度递减，具体举例如$v(200)<2v(100)$，因此，人们更倾向于保守地选择前景（100，1），而非前景（200，0.5）；当$x<0$时，$v''(x)>0$，表示决策者在损失域是风险追逐的，因为当财富损失时，边际灵敏度递减，$v(-200)>2v(-100)$，因此更愿意冒险选择前景（-200，0.5），而不是前景（-100，1）。

$$v''(x)<0, \text{当} x>0 \text{时}；v''(x)>0, \text{当} x<0 \text{时} \quad \text{（公式3-3）}$$

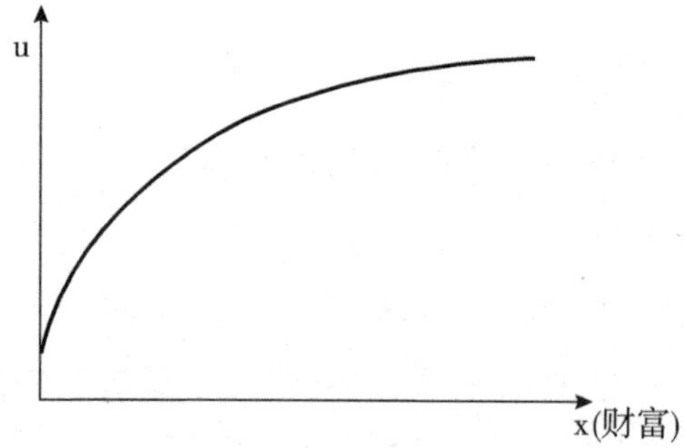

图3-1　标准经济学模型的效用函数

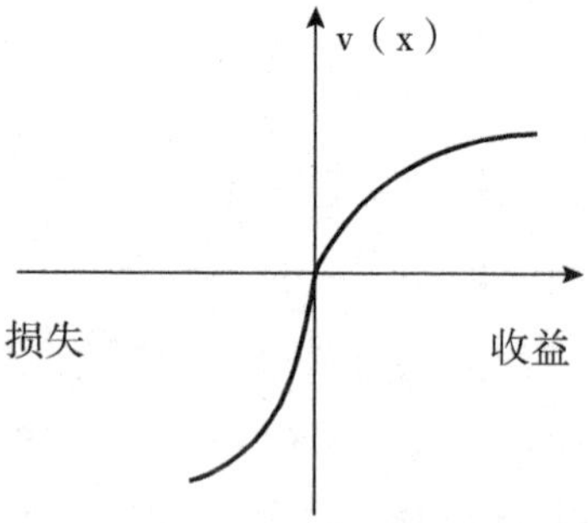

图3-2　前景理论的价值函数

与参考点的讨论一样，我们需要将损失厌恶的作用过程与前景理论的其他要素相隔离，因此以下的逻辑分析也是建立在必要的简化设计的基础之上的。正如前文提到，个体在收益域和损失域存在不同的风险倾向，损失厌恶使得主体在收益增加时更谨慎，而损失增加时更冒险。创业者一贯被视作“风险承担者”，他们关于工作投入的决策也一样面临着风险。创业者从开创自己的事业伊始，面对着启动时投入的人力、财力、物力，利润的压力是无处不在的。为了更清晰地讨论创业者损失厌恶对其劳动供给决策的影响，并考虑到更为符合创业者想要弥补成本获得利润的现实感受，我们假定他们始终将创业前的原始财富水平作为参考点。

当创业者完成了所谓的标准劳动投入量（前文提到的符合国家相关规定的工作时间及工作负荷量），是否继续增加劳动投入取决于他预期收益与损失相对于参考点的变化以及由此而引发的效用价值变动。图 3–3 分析了创业者过度劳动决策中的“框架效应”和“反射效应”。“框架效应”是指个体对各决策前景价值的评估不决定于结果的绝对值，而取决于结果与参考点之间的差值。“反射效应”是指个体在面对某种前景可能带来的确定性损失时，倾向于通过冒险选择其他策略来规避确定性损失。由于前期的投入形成了沉没成本，因此相对于参考点（原始财富水平），沉没成本是既定的损失，在没有形成利润之前，创业者任何停止追加投入，包括停止追加劳动投入的决策将落入损失区，因此，创业者有很强的意愿用过度的劳动投入来换取收益的增加以弥补成本。即使产生利润，创业者也可能为了企业发展继续追加资本，产生新的沉没成本，因此在框架效应和反射效应的共同作用下，创业者的劳动投入意愿始终很强，以致超过了其可持续生产的能力边界，导致过度劳动的发生。

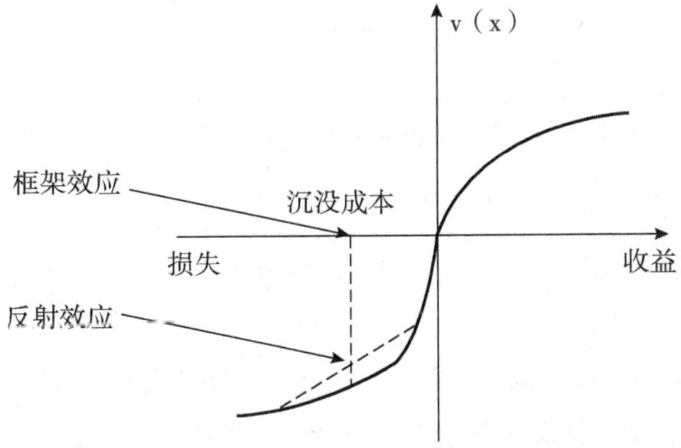

图 3–3　价值函数与过度劳动决策

3.2.4 创业者的决策加权

在前景理论的价值函数中，不同结果对总效用价值的影响是不一样的，它不完全等同于概率，但与概率 p 有关，用加权函数Π（p）= π（p）表示，用来描述前景（x，p）中各个事件的概率变化对总体效用价值变化的影响程度，决策加权是个体基于认知和偏好确定的每个策略发生的主观概率，与客观概率有关，但不完全相等。依照行为经济学大量研究发现，二者的函数关系见图 3-4，可见，面对不确定性情境决策，个体会表现出复杂的应对模式，见图 3-5：通常客观概率较高时，在收益域，个体表现为比较保守的风险厌恶，而在损失域表现为比较冒进的风险追逐；客观概率较低时，在收益域，个体表现为比较冒进的风险追逐，而在损失域表现比较保守的风险厌恶。

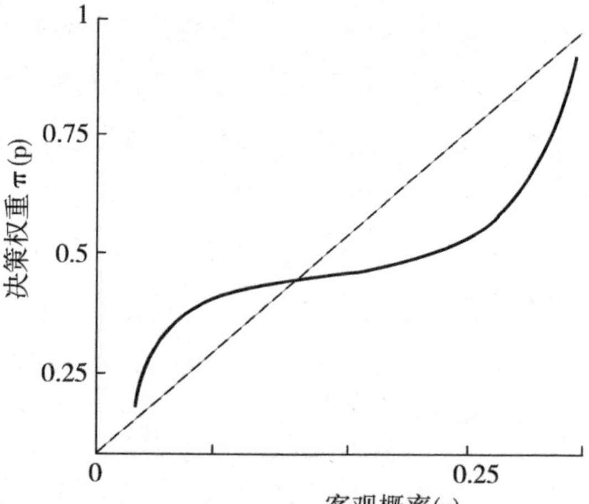

图 3-4 一个典型的前景理论加权函数（1992 年版本）

决策权重不同于客观概率的原因有两个方面，一方面客观概率在很多情况下是未知的。即便是知道事件发生的大致客观概率，人们也常常在主观上不愿轻信，发生误判，特别是罕见的事件。最常见的高估低概率的情况就是买彩票。对国内彩票购买者的有限理性行为研究发现，47% 的购买者不知道彩票中大奖的确切概率，而 17% 的购买者会给出 1/1000 甚至更高的估计概率。其实，以双色球为例，头奖概率只有 1/17720000。若是在进行概率估计之前，增加前序事件的概率条件，则人们估计概率的能力会大打折扣。比如，当一个人连续几次抛掷硬币都是正面向上，那么，他认为接下来抛掷硬币时，出现背面向上的可能性就会显著增加（尽管在他的认知中，出现正反面的客观概率都是 50%）。另一方面的原因是即便决策者明确知道客观概率，但他对于各个可能的结果存在不同的决策偏好。比如，当获奖的概率从 100% 下降到 80%，人们的感受与获奖概率从 25% 下降到 5% 时的感受是不同的，尽管都是下降了 20%，但后者更容易接受，或者说对决策结果的影响更小。以下我们从概率的估计和概率的加权两个角度来理解创业者过度劳动的决策加权。创业者在进行劳动供给决策时，很可能高估超时超负荷工作带来收益增加的概率而低估超时超负荷工作带来健康损伤的概率。尽管目前缺乏针对性的实证研究用以检验这样的假设论断，但我们仍能通过相关的文献及数据进行逻辑分析，为以上推论提供一定的支持。

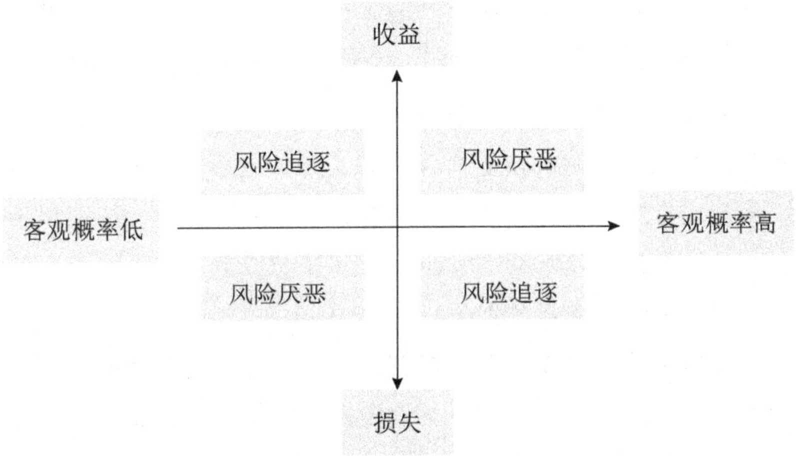

图 3–5　决策主体面对不确定时的四重模式

首先，我们通过创业者收入决定的相关文献来分析他们对收入增长的认知与实证之间的差异。王春超等（2018）利用中国农村—城市移民调查数据(RUMIC2009) 和中国家庭营养健康调查数据（CHNS）探讨了中国城镇劳动力市场创业者与工资获得者之间的收入差异。基于对不同类型创业活动存在回报差异，他们根据雇员数量将创业者划分为“自雇型”创业者及“雇主型”创业者。结果发现，“自雇型”创业者的月平均收入及工作强度（周工作时间）

均高于工资获得者，但“自雇型”创业者的小时收入略低于工资获得者；“雇主型”创业者月收入及小时收入均远高于“自雇型”创业者。尽管这的确说明了创业者的高收入很大程度上是通过更多的劳动时间实现的，但换个角度考虑，岂不更印证了创业者对收入增长预期的偏差，对单位时间收入的高估迫使创业者需要超时超负荷工作才能收回前期的各种投入，而疲劳的蓄积极易造成过度劳动的结果。

其次，全民健康素养水平较低也导致了民众在健康管理方面的过度自信，当然也包括创业者群体。“健康素养是指个人获取、理解、处理基本的健康信息和服务，并利用这些信息和服务，做出有利于提高和维护自身健康决策的能力”（US Department of Health and Human Services，2009；Kristine Sorensen，2012）。2012 年，我国启动了连续性健康素养监测工作，被调查人员填写满分为100分的《我国健康素养调查问卷》，得分80分及以上即被视为具备健康素养，通过计算具备者所占的比例测算相应人群的健康素养水平（国家卫生和计划生育委员会宣传司，2013）。2013年，我国城乡居民健康素养水平为9.48%，农村居民为6.92%，城市居民为13.80%；城乡居民基本健康知识和理念素养为20.42%、基本技能素养为12.47%、健康生活方式与行为素养为10.62%。可见，我国居民健康素养存在知识水平高于技能、技能高于行为的特点，也就是说人们即使掌握了健康知识和技能，也很难将其运用到具体的工作生活中，形成健康行为（姚宏文等，2016）。

总之，在概率估计方面，创业者可能会高估超时超负荷工作带来收益增加的概率而低估超时超负荷工作带来健康损伤的概率。在概率加权方面又可能表现出迷恋小概率事件的特征，比如2017年对创业者群体的调查显示，我国创业企业成功上市的比例只有1%左右，但相信进入创业板依然是很多创业者坚持的动力；而媒体频繁报道的创业者过劳猝死的新闻会对创业者形成警示，但他们在工作决策时会对这样的低概率事件赋以极低的权重，并不能真正改变他们超时、超负荷工作的常态。

3.3 创业者过度劳动的前景理论分析

前景理论是典型的过程描述性行为分析理论，是为了探索人们行为选择背后的心理机制与过程，它显示了人们决策时的两个显著的心理特征：有限理性的存在和直觉推断式决策结论的使用。在时间、可计算资源等相互冲突的目标约束下，最优的概念就变得复杂，只能选择最为满意的解。在这样的情况下，直觉推断的应用对于简化决策程序而言就是必要的了。前景理论将行为主体面对不确定条件时的相对收益和损失，用前景（x，p）表示；在评估阶段，行为主体会对每个编辑过的前景进行主观效用估值，并依据不同的决策权重汇总 $\pi(p_i)\,v(x_i)$，得出总体效用价值，从而选择具有最高价值的前景。

从经济学视角出发，笔者认为，过度劳动是指劳动者提供的劳动量超过了个体可持续生产的能力边界，并且它是个"过程+结果"的概念，包含了持续超时超负荷工作及疲劳蓄积的过程和无法通过正常休憩恢复的身心健康受损的结果。本书着重借助于前景理论模型探讨创业者持续超时超负荷工作并承受疲劳蓄积依旧坚持的行为过程。在依次分析了创业者劳动投入决策的参考点、损失厌恶、决策加权三个要素后，我们尝试运用前景理论对创业者过度劳动行为进行解读，并试图利用价值函数图形和加权函数图形作为工具描述创业者过度劳动行为的基础、选择过程及结果。接下来，我们将基于前景理论模型对创业者过度劳动的行为过程进行分析。

3.3.1　创业者过度劳动行为阶段前景的编辑

个体在对各策略前景的价值进行编辑时，会尽量简化收益与损失的相对价值及其主观概率，目的是更便于之后的评估。而由于认知不够全面、有限理性和不稳定的偏好，主体往往会使用直觉推断式规则来进行前景编辑，前景理论归纳了这一过程的一些特征：编码、组合、分割、删除、化简和占优检测。这些方法具体而言就是先把相对于参考点的收益或损失编码为一定的结果：例如对前景中相同的结果可以将它们对应的概率通过合并进行整合；如果某些前景中既有风险部分，又有无风险成分，则可以将二者通过分离形成一个确定性的结果和一个有风险的前景；当不同的前景共享某些共同的部分时，这些部分将被删除或忽略；前景结果中的收益和损失都可以分类进行价值凑整或概率凑整的方式化简；当然，对于某个前景中存在的相对于其他前景明显占优的结果要进行占优检测。这些技术将有助于我们梳理创业者过度劳动行为过程各个阶段的不同结果，将其编辑为简洁明了的前景。

前文已明确过度劳动的概念，因此，笔者认为，创业者过度劳动的结果实际蕴含了一个不断升级的演化过程，并且是各个阶段决策的叠加过程。基于对过度劳动内涵的理解，我们将过度劳动的演化过程分为5个阶段：Ⅰ初始阶段：超时工作；Ⅱ发展阶段：持续超时超负荷工作；Ⅲ形成阶段：疲劳蓄积至正常休憩无法恢复；Ⅳ恶化阶段：过劳伤病；Ⅴ终极后果：过劳死。在每个阶段，对于创业者而言都有两个选择：放弃或坚持，这两个选择将根据不同的参考点为创业者带来由不同结果构成的不同的前景。下表展示的正是对创业者过度劳动行为各阶段策略前景的编辑。

有两点需要说明：一是为了简化分析，我们仅将创业者的时间采用传统“二分法”分为工作时间和闲暇时间，并没有按照“三分法”将非市场工作时间纳入分析。原因是非市场工作时间的效用会因为诸多因素发生变化甚至逆转，比如陪伴孩子的家务时间有时会为主体带来正效用而有些家务却因其烦琐和劳累带来负效用。二是，鉴于劳动决策行为的复杂性，我们在编辑前景的价值时不但考虑了依据参考点的相对经济收益与损失，我们还将劳动与闲暇的效用一并作为影响前景价值的要素考虑，并且对于劳动而言也会在不同的阶段赋予其正的或负的效用。“一个人可能为种种理由去克服劳动的负效用（即放弃闲暇的享受）”，也可能“宁可工作赚钱获取收入，而不享受闲暇的快乐”，因此，创业者在不同的阶段对劳动的效用评判也不尽相同。

过度劳动行为第Ⅰ初始阶段的特征是超时工作。在此阶段，创业者面临是否超时工作的选择，因此，超时工作并非常态。由于在启动和展开创业活动时，创业者投入了人力、物力、财力，从而形成了“已经发生而不可收回的支出”，行为经济学称之为“沉没成本”。因此，这阶段的参考点选择为完成标准工作时间的收益状态减去沉没成本，用M_0–SC表示。相对于这个参考点，如果选择放弃超时工作，那么经济收益的增量确定性为零，但可以确定

创业者过度劳动行为各阶段策略前景

<table>
<tr><th rowspan="2">阶段策略前景
过度劳动演进</th><th rowspan="2">参考点</th><th colspan="2">阶段策略：放弃</th><th rowspan="2">相关说明</th><th colspan="2">阶段策略：坚持</th><th rowspan="2">相关说明</th></tr>
<tr><th>概率</th><th>结果</th><th>概率</th><th>结果</th></tr>
<tr><td rowspan="4">Ⅰ初始阶段：
超时工作</td><td rowspan="4">M_0–SC</td><td rowspan="2">1</td><td rowspan="2">0</td><td>M_0：标准工时收益</td><td>P_{e1}</td><td>E_1</td><td>$P_{e1}*E_1$：Ⅰ阶段估算经济收益</td></tr>
<tr><td>–SC：前期投入（沉没成本）</td><td>P_{l1}</td><td>$-L_1$</td><td>$-P_{l1}*L_1$：Ⅰ阶段估算经济损失</td></tr>
<tr><td rowspan="2">1</td><td rowspan="2">U_1'</td><td rowspan="2">U_1'：Ⅰ阶段闲暇效用</td><td>1</td><td>$-U_1'$</td><td rowspan="2">$P_{U1}U_1$：Ⅰ阶段估算劳动效用值
$P_{U1}U_1-U_1'$：Ⅰ阶段估算效用变量</td></tr>
<tr><td>P_{U1}</td><td>U_1</td></tr>
<tr><td rowspan="4">Ⅱ发展阶段：
持续超时超负荷工作</td><td rowspan="4">M_1+M_0-SC</td><td rowspan="2">1</td><td rowspan="2">$-M_1$</td><td rowspan="2">M_1：Ⅰ阶段实际经济收益</td><td>P_{e2}</td><td>E_2</td><td>$P_{e2}*E_2$：Ⅱ阶段估算经济收益</td></tr>
<tr><td>P_{l2}</td><td>$-L_2$</td><td>$-P_{l2}*L_2$：Ⅱ阶段估算经济损失</td></tr>
<tr><td rowspan="2">1</td><td rowspan="2">U_2'</td><td rowspan="2">U_2'：Ⅱ阶段闲暇效用</td><td>1</td><td>$-U_2'$</td><td>$P_{U2}U_2$：Ⅱ阶段估算劳动效用值</td></tr>
<tr><td>P_{U2}</td><td>U_2</td><td>$P_{U2}U_2-U_2'$：Ⅱ阶段估算效用变量</td></tr>
<tr><td rowspan="4">Ⅲ形成阶段：
疲劳蓄积至正常休憩无法恢复</td><td rowspan="4">EM_3</td><td rowspan="2">$1-P_{e3}$</td><td rowspan="2">$-EM_3$</td><td rowspan="2">EM_3：Ⅲ阶段预期经济收益</td><td>P_{e3}</td><td>0</td><td>相对于参考点，0 就是收益为 EM_3 的收益增量</td></tr>
<tr><td>P_{l3}</td><td>$-L_3$</td><td>$-P_{l3}*L_3$：Ⅲ阶段估算经济损失</td></tr>
<tr><td rowspan="2">1</td><td rowspan="2">U_3'</td><td rowspan="2">U_3'：Ⅲ阶段闲暇效用</td><td>1</td><td>$-U_3'$</td><td>Ⅲ阶段劳动效用为负值</td></tr>
<tr><td>P_{U3}</td><td>$-U_3$</td><td>$-P_{U3}U_3-U_3'$：Ⅱ阶段估算效用变量</td></tr>
<tr><td rowspan="4">Ⅳ恶化阶段：
过劳伤病</td><td rowspan="4">0</td><td rowspan="2">1</td><td rowspan="2">0</td><td rowspan="2">参考点归零</td><td>P_{e4}</td><td>E_4</td><td>$P_{e4}*E_4$：Ⅳ阶段估算经济收益</td></tr>
<tr><td>P_{l2}</td><td>$-L_2$</td><td>$-P_{l4}*L_4$：Ⅳ阶段估算经济损失</td></tr>
<tr><td>1</td><td>U_4'</td><td>U_4'：Ⅳ阶段闲暇效用</td><td>1</td><td>$-U_4'$</td><td>$P_{U4}U_4$：Ⅳ阶段估算劳动效用值</td></tr>
<tr><td>1</td><td>$-U_4$</td><td>工作退出带来的幸福感损失</td><td>P_{U4}</td><td>U_4</td><td>$P_{U4}U_4-U_4'$：Ⅳ阶段估算效用变量</td></tr>
<tr><td colspan="8">Ⅴ终极后果：过劳死</td></tr>
</table>

获得闲暇的效用U_1'，由此放弃策略的前景被编辑为（1，U_1'）。如果选择坚持超时工作，则创业者认为他有P_{e1}的概率获得收益增量E_1，但也有P_{l1}的概率损失$-L_1$，创业者在确定损失闲暇效用U_1'的同时亦有P_{U1}的概率获得劳动的正效用U_1，综合而言，第Ⅰ初始阶段坚持策略的前景被编辑为（P_{e1}，E_1；P_{l1}，$-L_1$；P_{U1}，U_1；1，$-U_1'$）。

过度劳动行为第Ⅱ发展阶段的特征为持续超时超负荷工作。在此阶段，创业者面临是否持续超时超负荷工作的选择。由于有了之前超时工作的体验，创业者适应了通过第Ⅰ阶段实现收益增量M_1的财富状况，因此参考点相较于上一阶段发生了变动，用M_1+M_0-SC表示。相对于这个参考点，如果选择放弃超时工作，则会产生确定性的损失为$-M_1$，但可以确定获得闲暇的效用U_2'，由此放弃策略的前景被编辑为（1，$-M_1$；1，U_2'）。如果选择坚持，那么就会发展为持续性超时超负荷工作，则创业者认为他有P_{e2}的概率获得收益增量E_2，但也有P_{l2}的概率损失$-L_2$，创业者在确定损失闲暇效用U_2'的同时亦有P_{U2}的概率获得劳动的正效用U_2，综合而言，第Ⅱ发展阶段坚持策略的前景被编辑为（P_{e2}，E_2；P_{l2}，$-L_2$；P_{U2}，U_2；1，$-U_2'$）。

过度劳动行为第Ⅲ形成阶段的特征为疲劳蓄积至正常休憩无法恢复。在此阶段，创业者面临在疲劳蓄积至正常休憩无法恢复的状况下，是否依然超时超负荷工作的选择。在经历了第Ⅰ和第Ⅱ阶段的持续超时超负荷工作后，创业者感觉到疲劳的蓄积，因此在这一阶段劳动并不会给他带来正的效用。但与此同时，随着工作投入的增加，创业者对收益有了更明确的预期和要求，对额外劳动的回报也从弥补成本、获得收益增量进一步提高到实现既定目标。因此参考点也随着发生了变动，用Ⅲ阶段预期经济收益EM_3表示。相对于这个参考点，如果选择放弃超时工作，则会有$1-P_{e3}$的概率损失$-EM_3$，但可以确定获得闲暇的效用U_3'，由此放弃策略的前景被编辑为（$1-P_{e3}$，$-EM_3$；1，U_3'）。如果选择坚持，则需要承受蓄积的疲劳带来的身心不适继续超时工作，创业者主观认为他有P_{e3}的概率保持收益增量0，因为0就是收益为EM_3的收益增量，但也有P_{l3}的概率损失$-L_3$，创业者在确定损失闲暇效用U_2'的同时亦有P_{U3}的概率因过度劳动接受负效用$-U_3$，综合而言，第Ⅲ形成阶段坚持策略的前景被编辑为（P_{e3}，0；

P_{l3}，$-L_3$；P_{U3}，$-U_3$；1，$-U_3'$ ）。

过度劳动行为第Ⅳ恶化阶段的特征为过度劳动引致伤病，虽然对于过劳伤病的界定和判据在我国还未完全明确，但人们通过新闻报道已经建立了对过劳伤病的基本认识，因此，在这个阶段，创业者面临的是当伤病发生并且他认为与过度劳动相关的情形下，是否依然超时超负荷工作的选择。通过观察现实中“带病工作”的悖常现象，我们可以尝试从参考点变动及因离开工作会导致工作幸福感损失的角度来理解。一方面，伤病会促使创业者重新思考相对收益与损失，导致参考点归零；另一方面，离开工作的创业者会因失去基于工作的积极情感和认知而导致工作幸福感损失。这两点是决策主体在本阶段前景编辑时需要特别关注的问题。相对于参考点等于零，如果选择放弃工作，则确定性收益亦是0，并且确定性效用损失为 $-U_4$，但可以确定获得闲暇的效用 U_4' ，由此放弃策略的前景被编辑为（1，0；1，$U_4'-U_4$）。如果选择坚持工作，则创业者主观认为他有 P_{e4} 的概率获得收益增量 E_4，但也有 P_{l4} 的概率损失 $-L_4$，创业者在确定损失闲暇效用 U_4' 的同时亦有 P_{U4} 的概率获得劳动的正效用 U_4，综合而言，第Ⅳ恶化阶段坚持策略的前景被编辑为（P_{e4}，E_4；P_{l4}，$-L_4$；P_{U4}，U_4；1，$-U_4'$ ）。

过度劳动行为第Ⅴ终极后果是过劳死。这是决策主体之前四个阶段选择叠加造成的最严重亦无法挽回的后果。

3.3.2　创业者过度劳动行为前景的阶段评估

前景编辑阶段完成后，决策者会根据价值函数 V(x) 评估每个编辑过的前景的价值，并会依据加权函数为每一个价值结果赋以相应的权重因子，即整体的 $\Pi(p)$，最后，通过估算 $\pi(p_i)v(x_i)$，得出总体效用价值，从而选择具有最高价值的前景。下文将结合图 3-6 创业者过度劳动行为各阶段前景评估的价值函数及图 3-7 创业者前景理论加权函数来分析创业者过度劳动行为的前景评估过程。

基本的规律有两条：一是决策者处于利得区或损失区，对风险的偏好不一样。在利得区，偏好确定收益，表现为自发性选择；在损失区，个体不愿意接受确定的损失，表现为反射性选择。二是概率不确定条件下的预期收益或损失对决策主体的价值影响存在差异，进而影响其决策模式：面对客观低概率的收益或高概率的损失时，决策者倾向于冒险，表现为主动选择；而面对客观高概率的收益或低概率损失时，决策者更为保守，表现为被迫选择。

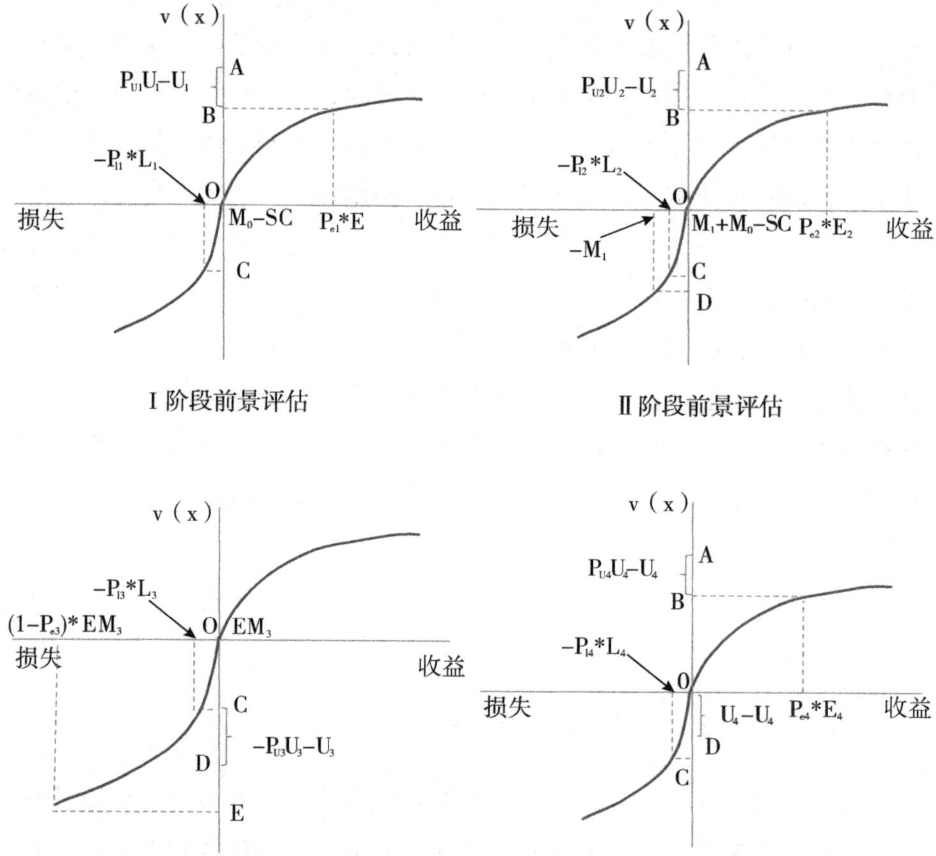

图 3-6　创业者过度劳动行为各阶段前景评估的价值函数

1.第Ⅰ初始阶段主动且自发性选择超时工作

如图3-6的Ⅰ阶段前景评估，创业者选择是否超时工作的参考点，原点O表示标准工时收益减去沉没成本，即M_0-SC。若选择超时工作，则总效用价值为图中OA　—OC，其中OA包含两部分：OB是风险收益增量$P_{e1*}E$的效用，为正值；BA是劳动的正负效用之差$P_{U1}U_1-U_1'$　，也是正值，因为这个阶段超时工作并非常态，判断劳动的正效用可以弥补闲暇损失的效用。OC为风险损失 $-P_{l1}*L_1$ 的效用，为负值，因为创业者的超时工作并不总能带来正的收益增量。若放弃超时工作，则总效用价值为获得的闲暇效用 U_1' ，小于图中BA所示部分。因为第I阶段是初始阶段，创业者对超时工作的收益与损失判断的主观概率都比较低，收益域风险追逐，损失域风险厌恶。这个阶段的创业者在劳动供给决策时会高估超时工作的正效用价值，而避免负效用损失，那么选择策略的依据可能大于OA －OC，远大于放弃策略的 U_1' 。所以，在第I过劳初始阶段，创业者侧重偏好确定收益，风险追逐，基本是主动且自发性选择超时工作，尽管此阶段超时工作并非常态，但随着疲劳蓄积和工作负担的增加，创业者进入过度劳动第二阶段的概率就增加了。

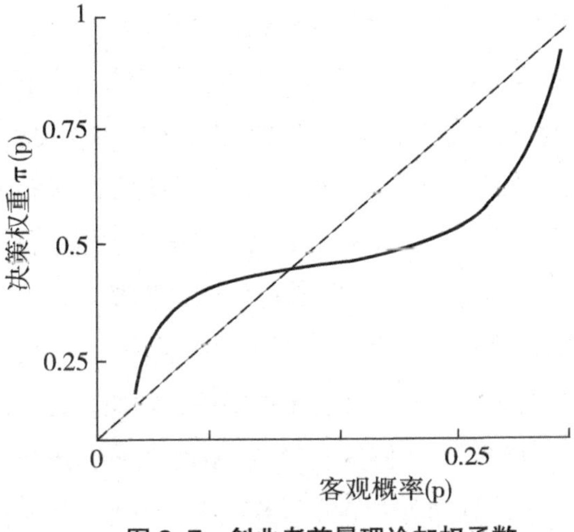

图 3-7　创业者前景理论加权函数

2. 第II发展阶段被迫且反射性选择超时工作

如图3-6的II阶段前景评估，创业者选择是否超时工作的参考点相较于上一阶段发生了变动，原点O表示标准工时收益加上第I阶段超时工作实现的收益增量 M_1 再减去沉没成本，即 M_1+M_0-SC。若选择超时工作，则总效用价值为图中OA －OC，其中OA包含两部分：OB是风险收益增量 $P_{e2}*E_2$ 的效用，为正值；BA是劳动的正负效用之差 $P_{U2}U_2-U_2'$ ，也是正值，因为这个阶段出现了持续的超时工作，但创业者感受到的疲劳蓄积还未显现，判断劳动的正效用可以弥补闲暇损失的效用。OC为风险损失 $-P_{l2}*L_2$ 的效用，为负值。若放弃超时工作，则总效用价值为获得的闲暇效用 $U_2'-OD$，OD表示确定性的损失为 $-M_1$ 的效用价值，为负值，因为损失域的效用下降速度很快。虽然经过第I阶段的积累，创业者对超时工作的收益与损失判断的主观概率有所提高，但绝对水平还比较低，收益域风险追逐，损失域风险厌恶。这个阶段的创业者在劳动供给决策时依然会高估超时工作的正效用价值，而避免负效用损失，那么选择策略的依据可能大于 $OA-OC$。同时，由于参考点的变化，创业者放弃策略的效用价值由于出现相对损失而变为负值。因此，在第Ⅱ发展阶段，创业者侧重避免接受确定损失，风险厌恶，基本是被迫且反射性选择超时工作，且创业者面临疲劳蓄积但通过延长休憩可基本恢复的状况。

3.第Ⅲ形成阶段主动且反射性选择超时工作

如图3–6的Ⅲ阶段前景评估，创业者选择是否超时工作的参考点，原点O表示Ⅲ阶段预期经济收益 EM_3。若选择超时工作，则总效用价值为图中 $-(OC+CD)$，其中OC表示相对于新参考点的风险收益 $-P_{l3}*L_3$，CD表示超时工作的负效用 $-P_{U3}U_3-U_3'$，因为在这一阶段创业者的疲劳蓄积已达到无法通过正常休憩恢复的状况，因此在这一阶段劳动并不会给他带来正的效用。若放弃超时工作，则总效用价值为 $-OE+U_3'$。显然，在第Ⅲ过劳形成阶段，无论选择策略，还是放弃策略，总效用价值都大概率为负值，而且，随着前两个阶段工作投入的增加，创业者提高了对收益的概率判断，并有了更明确的预期和要求，相对于预期收益作为参考点，这个阶段的创业者侧重避免接受确定损失，风险追逐，基本是主动且反射性选择超时工作，且创业者的疲劳蓄积已无法通过休憩而恢复，这可以解释现实中创业者“欲罢不能”的连续超时工作的情况。

4.第Ⅳ恶化阶段被迫且自发性选择工作

如图3–6的Ⅳ阶段前景评估，创业者选择是否超时工作为图中的O点，因为前三个阶段疲劳蓄积，长期过度劳动引致伤病，促使创业者重新思考相对收益与损失，导致参考点归零。若选择坚持工作，则总效用价值为图中 $OA-OC$，其中OA包含两部分：OB是风险收益增量 $P_{e4}*E_4$ 的效用，为正值；BA是劳动的正负效用之差 $P_{U4}U_4-U_4'$，OC为风险损失 $-P_{l4}*L_4$ 的效用，为负值。若放弃工作，则总效用价值为 $U_4'-U_4$，即确定获得的闲暇效用与确定性损失效用之间的差值，因为离开工作的创业者会因失去基于工作的积极情感和认知而导致工作幸福感损失。同时，随着前三个阶段工作，无论对于经济收益还是健康损失，创业者的主观概率水平都提高到了一定水平。所以，在第Ⅳ恶化阶段，相对于参考零点，创业者侧重偏好确定收益，风险厌恶，基本是被迫且自发性选择继续工作，这可以解释现实中“带病工作”的悖常现象。

5. 第Ⅴ阶段终极后果过劳死

过度劳动第Ⅴ阶段是终极后果过劳死。这是决策主体之前四个阶段选择叠加造成的最严重亦无法挽回的后果。

3.3.3　创业者过度劳动行为的演进过程

基于对过度劳动内涵的理解，我们将过度劳动的演进过程分为5个阶段：Ⅰ初始阶段：超时工作；Ⅱ发展阶段：持续超时超负荷工作；Ⅲ形成阶段：疲劳蓄积至正常休憩无法恢复；Ⅳ恶化阶段：过劳伤病；Ⅴ终极后果：过劳死。

在每个阶段，对于创业者而言都有两个选择：放弃或坚持，这两个选择将根据不同的参考点为创业者带来由不同结果构成的不同前景，对不同策略前景的效用价值评估最终决定了创业者的劳动供给决策。见图 3–8：在第Ⅰ过劳初始阶段，创业者侧重偏好确定收益，收益域决策概率高于客观概率，风险追逐，基本是主动且自发性选择超时工作，尽管此阶段超时工作并非常态，但随着疲劳蓄积和工作负担的增加，创业者进入过度劳动第二阶段的概率就增加了。在

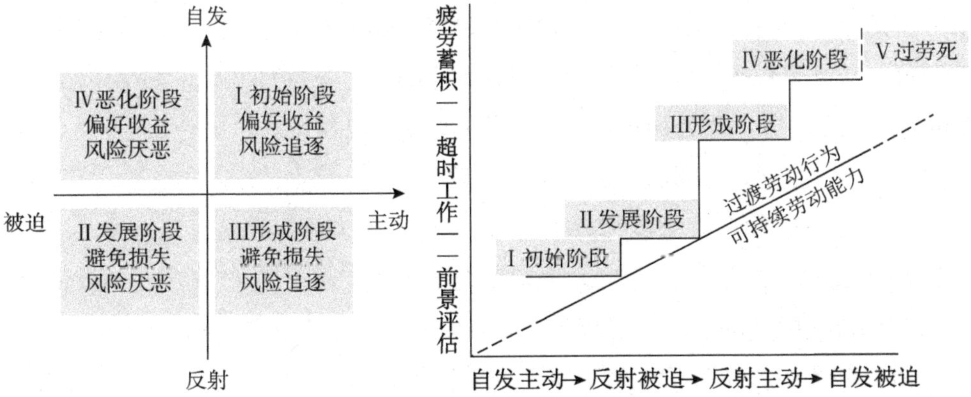

图 3–8　创业者过度劳动的演进过程

第Ⅱ发展阶段，创业者侧重避免接受确定损失，损失域决策概率高于客观概率，风险厌恶，基本是被迫且反射性选择超时工作，且创业者面临疲劳蓄积但通过延长休憩可基本恢复的状况。在第Ⅲ过劳形成阶段，创业者侧重避免接受确定损失，损失域决策概率低于客观概率，风险追逐，基本是主动且反射性选择超时工作，且创业者的疲劳蓄积已无法通过休憩而恢复。在第Ⅳ恶化阶段，相对于参考零点，创业者侧重偏好确定收益，收益域决策概率低于客观概率，风险厌恶，基本是被迫且自发性选择继续工作。过度劳动第Ⅴ阶段是终极后果过劳死。这是决策主体之前四个阶段选择叠加造成的最严重亦无法挽回的后果。

3.4　本章小结

本章将行为经济学中的前景理论引入对创业者过度劳动行为的研究，对创业者劳动供给的决策过程及过度劳动的演化阶段进行了深入细致的理论解析：

第一，分析行为经济学假设下过度劳动的行为基础，充分认识到劳动者在进行劳动供给决策时面临的种种约束：有限的资源——时间与健康、有限的理性能力——最优与最满意、有限的自私程度——利己与利他、有限的意志力——计划者与执行者。

第二，运用前景理论这一描述性模型，分析创业者过度劳动行为过程，将有限理性及主体决策过程中的心理机制融入个体与外部变化之间的互动中，着重分析创业者劳动投入决策的参考点、损失厌恶及决策加权，从而更好地解读创业者在不确定条件下的决策过程及其分阶段的选择。对于创业者而言每个阶段都有两个选择：放弃或坚持，这两个选择将根据不同的参考点为创业者带来由不同结果构成的不同的前景编辑，而创业者对前景的评估可以从自发性与反射性、主动性与被迫性两个维度来理解创业者过度劳动不同阶段的劳动供给决策特点。

第三，描绘创业者过度劳动的演化过程，其结果实际蕴含了一个不断升级的演化过程，并且是各个阶段决策的叠加过程。基于对过度劳动内涵的理解，我们将过度劳动的演化过程分为5个阶段：Ⅰ初始阶段：超时工作；Ⅱ发展阶段：持续超时超负荷工作；Ⅲ形成阶段：疲劳蓄积至正常休憩无法恢复；Ⅳ恶化阶段：过劳伤病；Ⅴ终极后果：过劳死。

第4章

创业者过度劳动行为的形成机制分析

上一章内容是基于前景理论通过编辑、评估创业者劳动供给决策前景，从而对创业者过度劳动行为的演进过程进行了行为经济学的描述解释与理性思考，而创业者的过度劳动作为一种有意识有目的的人类行为，若要深入分析其形成机制，则需要对人的行为决策的过程进行深度解析。行为经济学家发现，若想通过探索多种经济现象之间的必然联系，探寻经济过程中各主体行为决策的机制与轨迹，从而揭示经济现象的本质，那么对经济现象的研究应该从经济行为的产生、推进、演变及行为主体的内在心理机制、心理活动特点和规律入手（陈春霞，2008）。基于前景理论及前文分析，创业者的过度劳动行为取决于他在劳动供给决策过程中的三要素：参考点、损失厌恶及决策加权，进一步思考，是哪些因素通过改变这三要素进而决定了创业者过度劳动行为的阶段及相应的“过劳”程度。因此，本章是在上一章基于前景理论的创业者过度劳动演进过程分析基础上，受到人类行为模式的启示，借鉴已有文献中过度劳动形成机制模型，从现实角度探索创业者过度劳动的形成机制。

4.1 创业者过度劳动行为形成机制模型的探索

4.1.1 人类行为模型的启示

研究发现，人因为对现状不满产生需要，需要产生动机，当个体意识到通过某一行为可以实现某个目标并满足需要的时候，则动机就策动并支配了个体行为，产生出目标明确的行为活动。动机是在需要的基础上产生的，它激发和维持个体的行为，决定了行为的方向、强度和持久性，成为行为导向目标的心理倾向或内部动因。当然，个体的需要是多层次多维度的，但在某一时刻或某段时期，总有某种需要是最强烈也最重要的，被称为优势需要，个体通过分辨优势需要识别、确认支配行为的内部动因，即产生行为动机。这个过程具体可表述为：人们由于对现状的某个方面特别不满，产生优势需要，心理会因此感到格外不安和紧张；为了减缓心理紧张不适的感受，个体会设想某种理想状态，将内心需要转化为行动意向及愿望；有了抽象的愿望，个体还需要设定具体的目标；当个体认为行为是实现愿望满足需要的有效路径，则动机就真实地成为行为的内部驱动因素。在动机的策动下，个体会基于对目标实现可能性的判断来决策是否实施某种行为，以及在多长时间以多大强度维持该行为。随着目标实现，需要被满足，行为结束，个体内心的紧张不适得到缓解，动机因此逐渐减弱。当个体在新的时刻或下一时期感受到新的优势需要，则新一轮的动机策动行为的循环又将开启（见图4–1）。

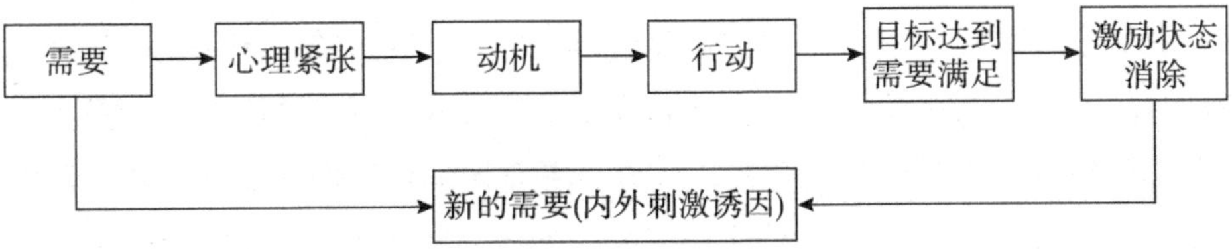

图 4–1　人类行为模式

基于人类行为模式的分析理念，创业者的过度劳动行为也是从创业者的某种重要且强烈的需要出发，引发其心理的不安与焦虑，创业者为缓和内心的紧张状况，产生超时超负荷工作的意愿，以期实现某种目标以满足其优势需要的行为过程。如此看来，创业者的过度劳动是由内在主动性因素策动和外部被动性因素驱动共同作用下产生的行为，并因其持续时间长、强度大造成疲劳蓄积，从而导致身心健康受损的后果。因此，人类行为模式对分析创业者的过度劳动行为给予了三点启示：

第一，既然动机来源于需要，需要又是个体生理或心理层面缺乏满足的表现，因此，可以从创业者人格特质、认知能力、工作价值观等方面去理解他对于劳动的收益损失的价值评估，进而理解创业者过度劳动行为的内在主动性因素。

第二，创业者的目标在一定程度上决定了过度劳动行为的强度和持久性，目标会受到社会、组织、家庭等外部环境的影响，并通过风险、压力、冲突等形式迫使创业者消除这些“不安逸”的感受，避免损失，从而成为创业者过度劳动行为的外部被动性因素。

第三，创业者过度劳动行为阶段的演进正如人类行为模式的循序渐进，创业者是否会进入持续超时超负荷工作的循环有赖于内外部因素能否持续刺激创业者追加劳动投入，这可能受到创业者在时间、风险、社会偏好等方面的影响而产生不同的助推效果。

4.1.2 过度劳动行为形成机理模型的借鉴

基于上一节来自人类行为模式的启示，笔者尝试构建创业者过度劳动行为形成机制模型。由于过度劳动问题研究的独特性和复杂性，已有文献中过度劳动形成机制模型为本研究提供了必要的借鉴。正如第2章文献综述部分所做的简要梳理，过度劳动的形成在宏观层面与经济发展阶段、基尼系数水平、技术变革等有密切关系；中观层面受管理思潮、企业文化、组织制度等因素的影响；微观层面有赖于个体个性特质、认知水平、心理机制等的差异。鉴于本书研究的是创业者的过度劳动行为，研究视角是从创业者个体选择出发，充分考虑组织及社会层面的影响，因此，选择了王素娟（2015）基于实证研究所做的过度劳动形成机理模型（见图4–2）作为重点借鉴模型。

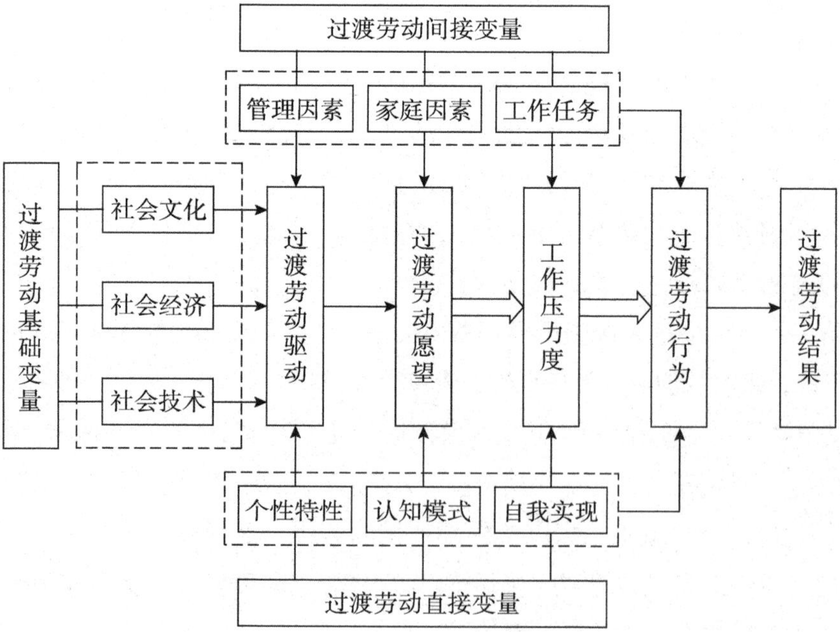

图 4–2 过度劳动的形成机理模型

在该模型中，对于过度劳动这个结果变量而言，社会文化、经济、技术等为基础变量，个体特质、认知模式和自我实现为直接变量，组织管理、家庭和工作任务为间接变量，它们都是通过影响工作压力度这一中介变量从而引致过度劳动行为结果的（王素娟，2012）。

借鉴该模型，研究创业者的过度劳动行为，就是探究导致创业者自主或被动超时超负荷工作的多重因素，分析其疲劳蓄积状态下仍然坚持工作的心理机制，推演其不断升级劳动投入程度的过程，最终导致身心健康受损的后果。有三个问题值得深思：一是对于众多影响因素，是否有更合理的分类方式反映它们在过度劳动形成过程中的逻辑关系；二是如何理解创业者过度劳动行为的多重影响因素之间的交互作用；三是创业者过度劳动行为的结果包含主观上疲劳自觉和客观上工作负担，从过程而言，各影响因素是否通过改变这两个维度来作用于结果的。

4.1.3　创业者过度劳动行为形成机制模型

过度劳动是一种典型的“过程 + 结果”的行为模式，是劳动决策主体持续高强度地增加劳动供给，从而导致超越了自身可持续劳动供给能力边界，引发身心健康受损的行为。前文分析可知，从过程角度，创业者在劳动供给决策过程中改变选择参考点，损失厌恶和决策加权三个要素的作用，过度劳动是从初始阶段、发展阶段到形成阶段、恶化阶段并可能最终导致过劳死的五个不断升级的演进过程。从结果角度，创业者过度劳动行为过程的升级也同时伴随着“过劳”程度加重的结果，即从不过劳到轻度过劳、中度过劳、重度过劳甚至可能导致“过劳死”。基于前景理论及人类行为模式的启示，借鉴已有文献中过度劳动形成机制模型，整合了过度劳动的过程和结果，将演进各阶段与不同“过度”程度相对应。笔者尝试构建创业者过度劳动行为形成机制模型（见图 4–3）。

基于图 4–3 的分析，过度劳动是疲劳自觉和工作负担这两个项目双高的结果，即客观上工作负担重的同时主观疲劳自觉评分高。也就是说，真正导致创业者“过劳”后果的是他们在劳动供给决策过程中，在感知自身疲劳蓄积的情况下依然持续地超时超负荷工作。疲劳自觉方面，创业者的个性特质、工作价值观、健康认知等内在主动性因素的异质性会影响他对外部变化的判断，从而选择合适的参考点，不同参考点的选择得出不同价值判断，导致疲劳自觉评分差异；工作负担方面，创业者因家庭、组织及社会层面等外部被动性因素造成情感资源冲突、沉没成本、承诺升级等，基于损失厌恶机制，创业者对是否持续地延长工作时间，增加工作负担进行价值评估，以价值最大化为原则做出选择；创业者在时间、风险、社会偏好方面的差异会导致他在估计超时超负荷工作带来收益增加的概率和超时超负荷工作带来健康损伤的概率时出现偏差，影响决策加权，从而成为创业者过度劳动的助推因素。下面将从内在主动性因素、外部被动性因素及偏好助推因素三个方面入手，结合它们对参考点、损失厌恶及决策加权要素的影响，分析创业者过度劳动的形成机制。

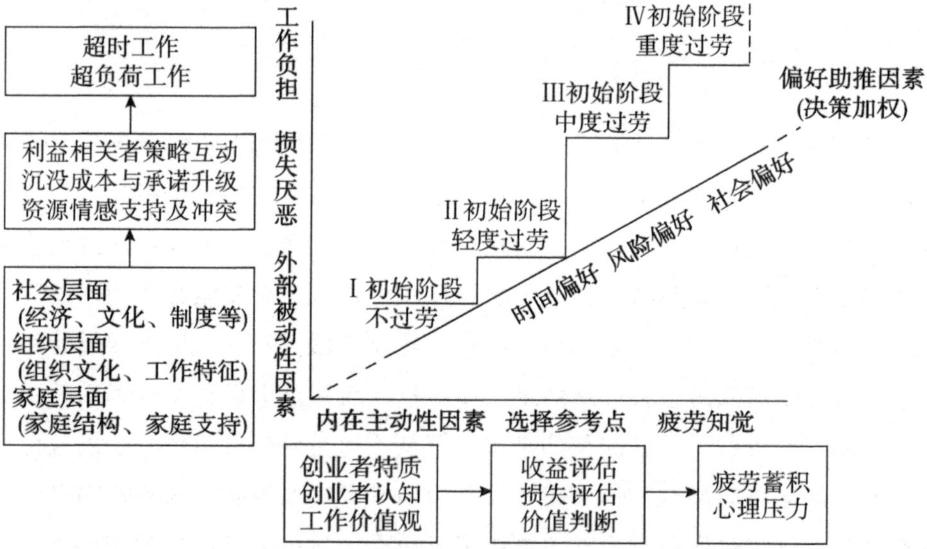

图 4–3 创业者过度劳动行为形成机制

4.2 创业者过度劳动行为的内在主动性

如第3章分析，前景理论综合使用权重函数和价值函数来描述人的主观总体价值。其中，权重函数 π（p）描述的是前景中的各单个事件的概率变化所带来的总体效用价值的变化；价值函数v（x）则是直接描述前景与人的心理满足状况的相互关系。决策主体会根据对不同前景评估的总效用价值，依照价值最大化原则进行选择。在这一过程中，有三个核心的变量将决定个体决策的模型：参考点、损失厌恶及决策加权。

前景理论认为参考点的心理基础是自身稳态和协同稳态，可见创业者的自身特征，如个性特质、工作价值观、认知等会影响他对外部变化的判断，对劳动的成本收益产生积极或消极的感受，从而选择合适的参考点。当创业者完成日标准工作时间，他是继续留在企业超时工作还是离开企业自由支配闲暇时间将取决于他做出决策后相对于参考点的损失与收益，参考点是价值尺度的零点，不同参考点的选择导致疲劳自觉评分差异。即使同样选择加班，公式3–1中的$v(x_i)$也是因人而异的，内在主动性因素是个体决定持续劳动投入的内在动力。真正导致创业者“过劳”后果的是他们在劳动供给决策过程中，在感知自身疲劳蓄积的情况下依然持续超时超负荷工作。

经济学对于这种内在动力，或者说动机的研究经历了从抽象化到异质化的突破。古典经济学之父亚当·斯密将人的行为和动机抽象归纳为人的“自利”动机，正是由于每个人内心遵循这种“自利”原则，引导和约束个体行为，在相互依赖与制约中形成了经济秩序的某种内在逻辑，仿佛有一只“看不见的手”指引经济个体实现消费效用和获取财富最大化的目标。新古典经济学利用核心理性和激励假设将个体经济行为动机彻底抽象化，认为个体决策时考虑了所有的相关选择，稳定地将自己的偏好利用选择显示出来，而且行为都是由利己的物质利益驱动的，只与被选择的对象价值有关，与选择过程无关。但现实的情况是，经济个体并非是同质的，不可能具有统一的偏好规则，更不可能在认知水平、判断能力和决策技巧方面完全一致，行为人是复杂的社会人，表现出各自的喜好、思考、特点及互动，可见，同质经济理性的假定只可能是一种特例，经济学对个体决策过程的分析应充分考虑其异质性经济行为动机。因此，基于行为经济学对创业者过度劳动行为内在动力的研究应该以其异质性为出发点，充分分析创业者人格特质、认知能力、工作价值观等对其过度劳动行为动机的影响，分析相较于非创业者，创业者的劳动供给决策是否具有更强的内在主动性，而这些内在主动性因素对于过度劳动而言又有怎样的影响？

4.2.1 创业者人格特质与劳动供给偏好

新古典劳动经济学假设人们具有结构良好和一致稳定的偏好，并依照严格自利原则将个体偏好固化在经济层面，导致面对“工作成瘾”“收入靶”等悖论现象时出现解释乏力。行为经济学框架下，偏好的概念突破了外生性的假定，不但包含通过选择外化的“显示偏好”，还包含受到个体人格特质、环境因素、选择程序等影响而具有的内生性偏好。本节主要关注人格特质对偏好的影响。在创业领域的研究中，人格特质在决定创业和成功维持创业中的作用引起了争议，学者们大多采用具体人格变量代替一般人格变量来深入分析。Rauch A（2007）运用元分析技术发现，与创业精神相匹配的特质及与创业行为(创业、创业成功)显著相关的具体人格特质包括自主性、成就需求、控制点、自我效能感、创新性和冒险性等。本部分内容探讨基于创业者人格特质的偏好多元化、异质性与创业者过度劳动供给行为之间的关系。

创业者与非创业者在自主性人格方面具有显著差异，创业者必须独立做出各项决策并承担其风险，必须全权负责目标设定和计划制定并对目标成就有自控性；另外，创业者大多具有内控性人格特质，即他们倾向于把成败的责任与自我的知识、技能、经验、努力程度等内在原因联系起来，而不是像外控性人格那样把成败的责任归结于他人、机遇、环境等个人不可控的外部因素，因此，创业者的自主内控性人格是必要且重要的，它能够帮助创业者在困境中坚持并产生更强的成功动机。创业者的自主性和内控性人格特质使得他们在劳动供给决策过程中，更偏好于投身到自主可控制的劳动过程中，通过坚持不懈的努力实现既定目标，从而满足自己多层次的需求。相比而言，闲暇是消费性选择，与行动计划与目标实现相去甚远，创业者对闲暇的偏好则相对较低。因此，这两个人格特质反映在创业者工作过程中就是为了控制目标成就，自主超时工作，并依据内控性归因，主动承担高强度高负荷工作。久而久之，造成创业者疲劳蓄积后的过度劳动后果。

创业者普遍具有高成就需求，他们更偏好有适度挑战性的任务，他们会参照组织绩效承担相应的责任，并在工作过程中重视绩效反馈，不断尝试寻找更新、更好的方法改进绩效。Baum，& Locke（2004）研究发现，工作激情与成就需求存在相关性，他们将创业者的工作激情定义为对工作的热爱、依恋和渴望的情绪。进一步的实证表明工作激情与员工心理调节、基本心理需要满足、心理健康、工作满意度、工作生活冲突、工作耗竭等变量之间存在密切关系。显然，以上这些变量中包含的健康、冲突等同时与过度劳动的内涵与评定相关。由此推论，高成就需求特质的创业者会通过以上一系列心理及情感机制构建他们对于工作的偏好，当然，和谐的工作激情会产生适应性工作行为，而强迫性工作激情就会导致工作沉迷，从而引发过度劳动。

另外，创业者较为显著的自我效能感、创新性和冒险性等人格特质使得他们在进行劳动供给决策时具有一些相比于其他群体更为明确的偏好倾向，例如他们对自己的创业行为及日常经营事务具有更强的信念，遇到问题时更有可能坚持；创业者有能力整合资源，强调创新提升资源及自身潜能的利用效率；他们的冒险偏好实质就是愿意将大量资源包括自身的时间精力投入不确定的事业中，以期获得更多回报。因此，创业者在面对工作压力时更加坚持、积极，愿意放手一搏，当这种主观意愿超越其个体身心健康承受边界时，个体就会出现过度劳动的情况。

综上，创业者的劳动供给偏好是基于经济理性、人格特质等因素共同作用而多元化、异质化的。从创立企业到管理企业，从不断遭遇挑战到竭力运营发展，某些创业者对于高强度高负荷工作，直至过度劳动行为的选择从某种程度而言可称得上是个性使然。

4.2.2　创业者认知与劳动供给的启发式决策及禀赋效应

创业者的过度劳动行为是他们在选择、组织、分析已有知识与环境信息的基础上，依照特定的信息加工方式，对劳动供给的时间、数量、质量等做出自由选择的结果。因此，研究创业者认知对其过度劳动行为的作用机理，重点在于剖析创业者认知结构中的知识存量、知识组织方式、信息加工方式等如何影响创业者的劳动供给动机，从而导致其超时、超量、超负荷地投入工作引发身心健康受损的过程。行为经济学中的启发式决策描述的是在不确定世界中决策依赖于有限经验的具体过程和方法，而禀赋效应探讨的正是个体对其拥有资源的价值高估影响选择结果的效应。因此，本部分内容基于启发式决策和禀赋效应分析创业者认知与其过度劳动行为之间的关系。

从行为经济学角度来看，与创业者的其他投入决策一样，劳动供给决策并无本质上的差异。创业者的劳动供给是对自身拥有的时间与健康资源进行分配、使用以期获得最满意状态的行为选择。相比于非创业者群体，创业者要面对的新情况和新问题在本质上难以用数学、逻辑学的理性分析方法来解决，因此，创业者的认知过程通常具有随机、机会主义、直觉、行动导向而不是系统分析的特点。基于这种启发式决策过程，大多数创业者会高估自己在规定时间内能够完成的任务，而低估为完成规定任务所需的资源。这就导致了创业者在工作过程中由于过度使用启发式决策造成认知偏差，如反事实思维（Counterfactualthinking）、计划谬误（Planning Fallacy）、过度乐观（Over-optimism）等情形从而引发任务量超出预期，工作压力激增的现象。而创业者认知模式的另一个特点是基于效果推理而非按照因果逻辑推理，即创业者面对不确定性，由于缺乏资源和信息，创业者很难准确预测未来，因此只能利用既有手段来争取尽可能好的结果，而不是预先设定的目标。也就是说，创业者不会轻易屈服于不利的现实情况，对持久和高强度压力的耐受能力及在逆境中的坚持程度都超出非创业者群体。综合来看，创业者启发式决策导致的“认知偏差”及效果推理的“将错就错”使创业者往往以乐观、坚韧的态度面对频繁出现的紧急而繁重的工作任务，客观上的确增加了过度劳动的风险，但主观上的乐观是否有助于减缓过度劳动发生的概率和程度还需要进一步的实证研究。

行为经济学的“禀赋效应”表达了个体决策时的一种心理模式：当你拥有一件东西之后，你对这件东西的评价会高于你没有拥有它时；同理，当你失去一件东西之前，你往往会低估它对你的价值。依照这个逻辑，过度劳动的创业者是由于超时超负荷的工作投入导致健康损伤，那么，在他的认知结构中一定存在某些知识存量及信息组织方式引导他高估了劳动投入的产出价值而低估了健康损耗的价值。我们选择创业者认知结构中的机会认知和健康素养这两个与劳动供给决策相关的内容来进一步分析。机会导向是创业者活动的核心，创业者与非创业者之间最关键的区别就在于前者会主动采取有目的的机会搜寻行为。就劳动供给而言，创业者会努力争取劳动投入获得回报的机会，而低估了持续超量劳动投入导致的健康损耗。为了便于分析，我们假定健康与机会是创业者用以获取收益并获得效用的两种资源，分别为资源 1 和资源 2，并赋予机会的价格为 p_2，我们将分析创业者对于健康的支付意愿（WTP）和接受愿意（WTA）之间的差距来研究禀赋效应对于创业者劳动供给决策的影响。见图 4–4，两条曲线分别代表了资源 2“机会”在参考点 A 处相等的标准和有弯折的效用曲线。在 A 点左侧，若为了一单位健康资源导致资源 2 机会的效用下降了 Δu_1，并且由于机会的丧失被看作损失导致其效用曲线向下弯折，进而在图中推演出人们为一单位健康资源的支付意愿为 p_1^{WTP}；而在 A 点右侧，若提高 Δu_1 资源 2 机会的效用需要损失资源 1 健康，而机会获得后的确定性效用往往低于预期效用，因此效用曲线向下弯折，进而在图中推演出人们放弃一单位健康资源的接受愿意为 p_1^{WAT}。显然，健康的支付意愿（WTP）远低于接受愿意（WTA）。也就是说，创业者在追逐收益机会的同时大大低估了健康资源的价值，只有当其健康因过度的劳动投入而出现损

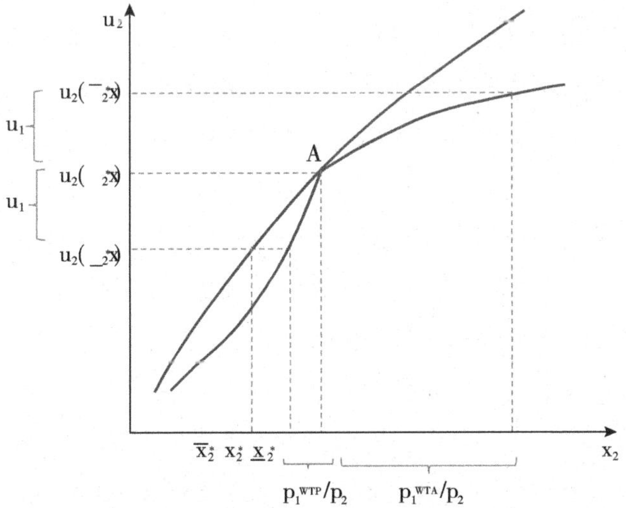

图 4–4　健康支付意愿（WTP）和接受愿意（WTA）之间的差距

伤甚至不可逆的后果时，创业者才会真正将健康资源纳入劳动力供给决策的参考点，而在此之前，创业者对于劳动供给决策的分析与判断往往是不全面和短视的，从而忽视了可持续劳动供给能力的重要性，使得他们更容易陷入过度劳动的风险中。

4.2.3 创业者工作价值观与劳动的总计效用

价值观构成自我概念的一部分，构成一个人行为的基础。工作价值观是指超越具体情境，引导个体对与工作相关的行为与事件进行选择与评价，指向希望达到的状态与行为的一些重要性程度不同的观念与信仰。对创业者而言，他的工作价值观将引导他对劳动供给与闲暇进行评价，并按照自己期望的满意结果做出选择。在传统标准经济学模型中，“期望”暗指有风险或不确定的因素存在，令人满意则包含了效用最大化含义，依此逻辑，创业者过度劳动是他们对劳动供给收益及健康损耗后果赋以不同权重，比较后经由选择显示出的决策效用。显然，面对很多不可逆的过劳伤病甚至过劳死，这并不是令人满意的结果。为了更为合理地解释人们的决策行为，行为经济学家拓展了效用的概念，卡尼曼（Kahneman，2000）以总计效用为基础明确了客观幸福感（Objective Happiness）的概念，认为总计效用（Total Utility）可通过实时效用（Real-time Utility）加总求和，但人们的决策过程却依赖于记忆效用（Remembered Utility）和预计效用（Predicted Utility），因此人们的决策结果就会出现偏差，无法保证实时效用最大化。下面我们将借助对创业者工作价值观的分析探讨其劳动供给的总计效用，进而理解创业者过度劳动形成机制的又一内在动因。

由于无法找到单独调研创业者工作价值观的数据，我们借用包含了创业者样本的中国企业家调查系统（CESS）的数据来说明创业者工作价值观问题。2007年和2011年的调查结果显示，企业的持续发展、员工的成长、服务社会与回报社会等已成为大多数企业家（73.9% ~85.9%）“在目前岗位上最想实现的目标”，其中，“企业的持续发展”已成为大多数企业家的首要追求，对关心员工、回报社会的追求，超过了对企业利润的追求，也高于对个人财富与地位的追求。由此可见，创业者的工作价值观显示，他们勤奋工作不仅为了通过赚取利润获得经济收益，更期望通过自我实现的满足及赢得社会获得心理收益。因此，创业者在进行劳动供给决策时，其总计效用应当包括两部分，即劳动供给总效用等于经济收益实时效用加心理收益实时效用，即TTU=ETU+PTU。创业者劳动供给的决策目标是为了实现总计效用最大化，但他的决策过程主要依赖于对经济收益、心理收益的记忆效用和预计效用。

鉴于创业活动的创新性与开拓性，创业者劳动供给经济收益的主要决策依据是预期效用。根据调查，创业者最想实现“企业的持续发展”，因此在前期投入大量资源的前提下，他们对经济收益预期效用EPU的估计往往偏高。在心理收益方面，创业者对关心员工、回报社会的追求大多基于以往的经验或模仿习得。创业者在能力和成长、地位和独立方面的价值观倾向又使他们更加注重个人努力和承担风险（梁巧转等，2012），进而促使他们对劳动供给心理收益的记忆效用PRU也相对较高。综上，创业者在劳动供给决策时依赖的经济收益预期效用和心理收益记忆效用之和大于他实际感受到的经济与心理收益的实时效用之和，即EPU+PRU>TTU=ETU+PTU。也就是说，创业者的工作价值观引导他对劳动供给与闲暇进行评价，而决策结果的劳动供给总计效用常常不能达到期望的满意结果，会促使创业者进一步增加劳动投入来提高总计效用，产生过度劳动风险。

4.3　创业者过度劳动行为的外部被动性

前景理论发现，损失厌恶使得决策主体在收益增加时更谨慎，而损失增加时更冒险，因为个体在收益域和损失域存在不同的风险倾向。创业者从开创自己的事业伊始，面对着启动时投入的人力、财力、物力，创业成功与利润目标的压力是无处不在的。而来自家庭支持与冲突、组织经营与管控、社会资源与约束等方面的外部因素使创业者在劳动供给决策过程中因损失厌恶而具有一定的被动性。收益增加时，创业者更谨慎，试图通过更为勤奋努力地工作维持；损失增加时，创业者更冒险，持续追加劳动投入以期止损。当然，以上决策的价值判断原点受创业者内在主动性因素的影响。创业者阶梯式的参考点提升，增强了他们的劳动投入主动性，使他们在劳动投入的时间和强度上也相应地出现阶梯式增长，进而提高了过度劳动的风险，甚至使创业者陷入过度劳动的演进过程。

上一节内容主要从创业者人格特质、创业者认知及创业者工作价值观视角探讨了引发创业者过度劳动行为发生的内在主动性因素的诱发机制，本节将从创业者在社会层面与利益相关者的策略互动、组织层面的沉没成本与承诺升级、家庭层面的资源情感支持及冲突等方面分析创业者过度劳动行为的外部被动性因素的驱动机制。

4.3.1 创业者在社会层面与利益相关者的策略互动

利益相关者理论认为，制定并实现一个理想的企业目标，必须平衡考虑企业的诸多利益相关者之间相互冲突的索取权（王唤明等，2007），一般包括股东、员工、管理人员、供应商、政府、客户等。创业者创立和运营企业的过程需要时刻与各利益相关者进行策略互动，以确保企业的可持续发展，为所有的利益相关者和社会有效地创造财富。由于创业者与利益相关者是信息不对称的，不对称信息条件下存在逆向选择和道德风险问题，拥有信息优势和信息劣势的各方试图通过某种信号向对方传递自己的“真实”信息（王钦池，2009）；而新创企业需要尽快在资源、市场等方面抢占先机，形成竞争优势，迈克尔·波特（1985）的竞争优势理论提出，企业所在行业中获得竞争优势的三个基本竞争战略：成本领先、差异化、目标集聚。因此，对创业者而言，与利益相关者的策略互动是比管理企业本身更为劳心劳力的事情。下文将运用行为经济学中的信号传递博弈和竞争优势理论分析创业者在社会层面与利益相关者的策略互动行为，探究创业者行为目标与过度劳动联动升级的过程。

创业过程一般源于发现一个有价值的市场机会，从形成商业构思、整合资源、建立团队到形成新创企业，并包括新创企业的成长管理过程。Timmons（1999）构建了动态创业过程模型(见图4-5)：在创业初始阶段，商机较大而资源较为缺乏；随着企业的发展，组织将拥有较多的资源，但这时原有的商机可能变得相对有限，这就导致另一种不均衡。更为严峻的是，公共资源的管理者、要素市场上的投资者、产品市场上的消费者等对创业者是信息不完全的。依照信号传递博弈，为了在竞争中抓住更大商机，获取更多资源，创业者作为发送者，需要带领其团队不断向接收者——消费者、投资方、政府等利益相关者发出各种信号，以证明其能力、实力和竞争力；接收者通过对信号的分析，判断发送者——创业者的真实信息，进行相关决策；创业者若能在多次策略互动后，获得持续的优势：较大的目标市场份额、占优的资源支持、消费者偏好或对竞争者选择的限制（夏清华，2002），从而实现与利益相关者的合作共赢，才能领导企业闯过生存危机，步入初步发展、持续发展至稳定持续发展的轨道。在这个过程中，创业者必须深谙政府制定的宏观政策，并与消费者与投资方进行信号传递博弈，超越其他竞争对手进而形成绝对的竞争优势，而这必将伴随着创业者在劳动投入中参考点不断上调，时间、精力、压力的竞争性卷入，从而形成过度劳动的风险，图 4–6 试图勾勒创业者在创业的各个阶段，其行为目标与过度劳动风险联动升级的过程。

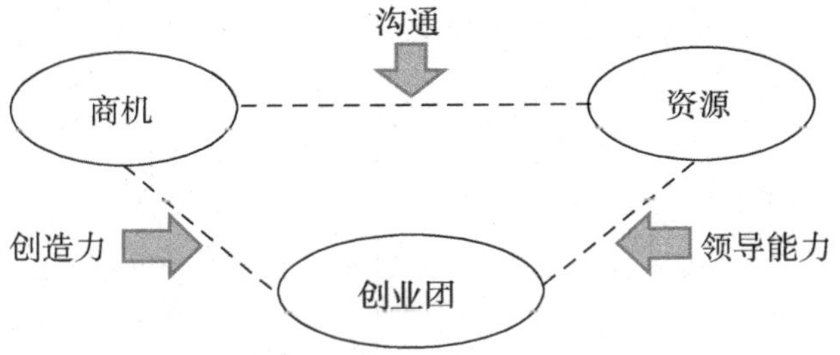

图 4–5　动态调整的创业过程模型

图 4–6 中的创业阶段参考了林嵩等在《创业过程的研究评述及发展动向》中的复杂线性模型；投资方策略参考了任玉珑的《创业投资生命周期决策方法研究》。由图 4–6 可见，创业者及其团队在创业过程的每个阶段都会根据其发展目标制定策略。而飞速网络经济盛行"赢者通吃"的规则，为了尽快抢夺各种资源，获得竞争优势，迅速占领市场，形成规模经济，实现创业成功，他们必须不断地向投资者和消费者传递各种信号以使对方相信和认可新创企业的能力、实力和竞争力，促使这些利益相关者不断选择追加投资和增加购买的策略。在这个过程中，为了超越竞争对手，创业者在劳动投入中参考点不断上调，导致时间、精力、压力竞争性卷入，形成过度劳动风险。

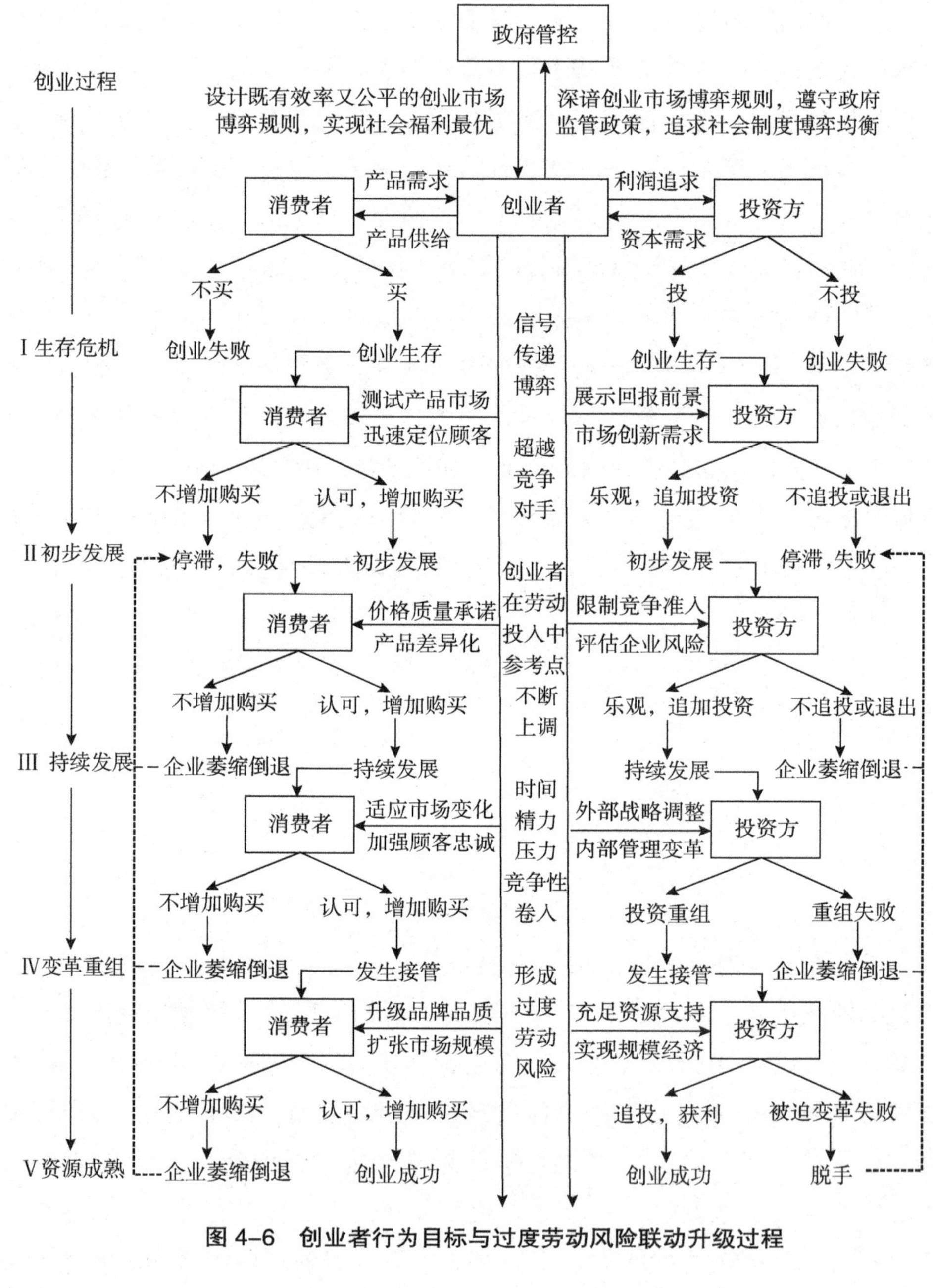

图 4–6　创业者行为目标与过度劳动风险联动升级过程

4.3.2　创业者在组织层面的沉没成本与承诺升级

创业者不但要在社会层面周旋于各利益相关者，还要在组织层面担当起领导和管理的职责，他带领其团队从创业伊始就一次次面临各种“坚持还是放弃”的决策，而每一次选择坚持就意味着包括他在内的越来越多的组织成员持续性地投入了资金、技术、时间、精力等。由于创业过程是高度不确定的，那么如果无法如理性预期的那样在未来的某个时点获得相应的回报，这些投入就会形成沉没成本（Sunk Cost）。此时，创业者面临两难选择：是停止行动、撤出资源以止损还是继续投入会弥补损失，挽回颓势？沉没成本会引发创业者的非理性决策，具体表现为决策者因顾及沉没成本而继续投入更多成本——承诺升级（Escalation of Commitment，EOC）。实证研究的结论是：创业者很难结束创业的选择，也很难接受沉没成本的损失，创业者承诺升级过程存在明显的沉没成本效应（任旭林，2006）。创业者在创业过程中持续投入的金钱、时间和努力（Arkes & Blumer，1985）等构成沉没成本，从而对应形成沉没成本效应（Sunk Cost Effect）、沉没时间效应（Sunk Time Effect）和沉没努力效应（Sunk Effort Effect）。从经济学视角考量，创业者每一次面临“坚持还是放弃”的决策过程都会受到初始目标、代理决策、社会规范、进展程度、经营状况、决策风险、从众心理、个性特征等诸多因素影响，随着金钱、时间和努力投入的增加，沉没成本效应将影响创业者决策的目标和评估机制，从而形成自我及对团队成员的承诺升级，驱动他们不断追加投入资金、延长劳动时间，提高努力程度，从而引发过度劳动风险。图 4-7 勾画的就是由于创业者决策过程存在沉没成本效应，通过承诺升级机制导致其形成过度劳动风险，而不断加深的沉没成本效应又会导致创业者过度劳动，从而进入不良循环中。

创业者是在识别预估市场机会及对已有资源进行重新整合的基础上启动

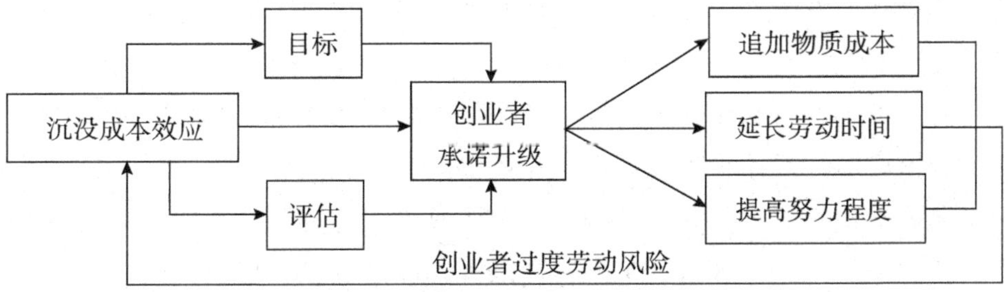

图 4-7　创业者沉没成本、承诺升级与过度劳动风险

自己的创业梦想的。之后行动中的沉没成本都由创业者来承担，如果终止创业显然要接受损失，回避自己创业的责任，创业者的沉没成本就成为影响最初决策责任和继续卷入的潜在因素（任旭林等，2006）。其次，社会一致性规范及对于“坚持不懈”品格的推崇使得创业者笼罩在一种不能“中途放弃”的压力之下，如果结束创业行为，要么相当于承认最初做出了错误的决策，要么须承担“半途而废”的形象损失。第三，创业者在不断接受创业进展程度、经营状况的信息及承担风险压力的过程中，亦不断调整升级自我概念，相信最初的决策理由是充分的，从而维系着企业的发展。总之，创业者很难结束创业的选择，很难接受沉没成本，伴随着对自我及对团队成员的承诺升级，驱动他们不断追加投入资金、延长劳动时间，提高努力程度，从而引发过度劳动风险。

4.3.3 创业者在家庭层面的资源情感支持及冲突

家庭对于创业者而言是至关重要的，一方面家庭可能是创业者重要的创业动机来源，曾照英等（2009）调研发现，家庭是创业者最重要的资源情感支持和后勤动力保障。张龙耀和张海宁（2013）利用2008年中国健康和养老调查（CHARLS）数据实证发现家庭自有财富水平与创业概率显著正相关。按照资源拼凑理论，创业者在创业过程中，面临环境约束和资源依赖的双重挑战，他们不但要通过凑合利用现有资源来突破资源约束，而且还要在凑合利用的过程中发现现有资源的新用途（张鑫，2015）。创业者可以通过家庭自有资金或成员募集来提供必要的创业启动资金；家庭成员也可以作为创业团队成员或者在创业过程中形成重要的人力资源保障；更为重要的是家庭成员能够在创业期间更多地分担创业者的家庭责任，给予他们必要的情感支持。

然而，创业者的家庭在提供资源情感支持保障的过程中也会衍生出冲突。依照工作家庭边界理论，创业者的工作需要高度的灵活性和渗透性，促使其角色模糊或无边界。建立一个新的企业需要大量的劳动时间及工作精力的投入，它可能涉及一个极端的、不可协商的和随叫随到的时间表，创业者工作边界的不断扩张会挤压其家庭边界，尽管家庭成员的支持与配合会增强家庭边界的灵活性与渗透性，但随着时间的推移，作为家庭边界维护者的配偶及子女对创业者在家务劳动、照顾家人、养育子女等的角色要求会不断加强，导致创业者感受到工作家庭边界冲突，压力倍增。国外研究者通过调查发现，与非企业家相比，创业企业家使用抗抑郁药物处方的可能性更高。对创业者而言，创建新企业会引发工作家庭冲突的独特压力源，并呈现出先升后降的变化（田莉等，2018）。而压力的累积如同疲劳蓄积一样，亦会造成创业者身心健康的损耗，形成过度劳动的风险。

因此，基于积累家庭财富动机的目标导向行为和基于工作家庭边界的角色冲突使得创业者需要不断评估、调整、坚持、升级他在工作中的时间、精力投入水平，一方面努力实现其创业目标；另一方面又必须平衡工作家庭责任，这个冲突与压力不断变化的过程，势必增大了创业者过度劳动的风险。

4.4　创业者过度劳动行为的偏好助推

行为经济学研究的奠基人卡尼曼和特维斯基通过一系列实验证伪了新古典经济学的“理性经济人”的人性假定，他们发现在判断和决策层面，个体的偏好是无法做到完备性和传递性的。因为个体是具有一定社会性的个体，在偏好层面上不仅表现出新古典自利偏好，同时还表现出社会偏好；不同偏好之间会形成互动，相互挤入或者挤出；偏好在微观结构层面的互动形成了社会中个体的复杂行为，这种行为可能表现为理性的行为，也可能表现为非理性的行为，也就是情感行为（周业安，2015）。偏好的微观结构既包含确定条件下的自利偏好，也包括不确定条件下的风险、时间偏好与社会偏好。而创业者从决定开始创业伊始就面临相当不确定的外部环境及内部因素，因此，要准确理解创业者过度劳动行为的决策加权必然不能缺少对他们偏好结构的解读。根据之前关于创业者过度劳动的内在主动性因素和外部被动性因素分析，我们已经理解了创业者从主观到客观两方面都大概率处于过度劳动的风险中，那么究竟是哪些因素持续推动创业者选择坚持、坚持更久，甚至对过度劳动产生自发性的自我认同？下面将具体分析在不确定条件下创业者的风险、时间及社会偏好对其过度劳动的助推机制。

4.4.1 创业者的风险偏好与过度劳动——选择坚持

创业者的投入中不但包括资金投入，亦包括时间和精力投入，若从古典经济学视角出发，对这些投入的决策均应符合理性原则，即支出最少，回报最多。由于所有投入都不像现时消费那样可以即时得到满足，都只能待未来某个时点得到收益，当然，亦可能是损失，这里存在投资风险问题；因此，从某种意义而言，过度劳动本身就是一种风险行为，长时间超负荷的工作投入既可能为劳动者带来经济上甚至精神上的回报，也可能由于疲劳蓄积、压力累积造成不可逆的身心损伤。对于创业者而言，在完成标准工作时间后，对于过度劳动的风险感知、风险倾向、环境因素等都会影响创业者的风险偏好，从而影响他们的劳动供给决策。因此，如果创业者对于劳动投入的收益过度自信，对于过度劳动的损失存在认知偏差，那么他们会表现为较高程度的风险偏好，从而选择坚持，即超时超负荷工作。

风险偏好度显著提高创业概率（陈其进，2015）。Busenitz和Barney（1997）的研究发现创业者的过度自信和使用代表性偏误的倾向要高于管理者。可见，相对于其他群体，创业者的决策行为普遍表现出较高的风险偏好。当问题聚焦于劳动供给决策，我们可以通过分析影响创业者风险偏好的因素来深入解读过度劳动现象。首先，在风险感知层面，创业者对于超时超负荷工作的收益抱有过度自信和乐观偏见的态度，而对于可能造成的身心损伤则控制幻想，并具有相信小数定律的认知偏差。接着，在风险倾向层面，风险倾向与个人是创业者还是管理者这一因变量之间存在一定的显著关系。也就是说，相较于其他群体，创业者更可能有抓住机会的倾向，更愿意将自己暴露于不确定的环境中。因此，即使创业者感知到了过度劳动的风险，但他们依然更可能将它作为超越其他竞争对手的机会，接受挑战，迎难而上。最后，在环境因素层面，与开展创业活动相关的政治、经济、社会、文化等要素以及创业者获取帮助扶持可能性的制度资源环境都会影响他们的风险偏好。国内学者周永华，安剑（2013）运用自主构建的创业环境综合评价指标体系进行数据分析发现，我国各省(市、区)创业环境不平衡，呈现“金字塔”状。

由此推论，创业环境较为优质的地区，创业者的风险偏好水平应该更高，那么他们在劳动供给决策中可能表现得更为激进，过度劳动的概率及程度也相应更高。

综上，创业者在风险感知层面表现为对超时超负荷工作收益的过度自信，而对于可能造成的身心损伤则存在相信小数定律的认知偏差；在风险倾向层面，创业者更可能将过度劳动作为超越其他竞争对手的机会，接受挑战，迎难而上；在外部环境层面，不断完善的创业政策、制度及帮扶体系可能促使创业者更为激进和冒险，选择坚持超时超负荷工作，从而加大了群体性过度劳动的风险。

4.4.2　创业者的时间偏好与过度劳动——坚持更久

过度劳动是疲劳蓄积的后果，是劳动供给主体超量投入时间精力导致的，对于创业者而言，这种风险性回报是在未来某个时点才能获得的。关于创业者的风险偏好与其过度劳动之间的关系上一节已有论述，本小节主要探讨创业者对于时间精力投入的跨期决策问题。经济学的跨期决策问题分析必然涉及时间偏好，即人们对延迟收益与支出的态度问题。传统经济学依照偏好完全一致稳定的严格假设，规定了人们在跨期决策中存在一成不变的贴现率。然而，现实生活中的当期冲动性消费和反复强迫性成瘾行为等“市场异象”则说明人们的时间偏好是不稳定的（叶德珠等，2010）。行为经济学通过对人们“冲动性”“强迫性”“抑制性”等心理机制的剖析，重新解读了个体决策时依赖的时间偏好不一致性，发现了人们跨期决策时的“符号效应”“量值效应”和“框架效应”，这些效应在创业者进行劳动供给决策时也会产生助推机制，从而使他们在超时超负荷工作感到疲惫的时候，还愿意坚持更久，从而造成过度劳动的风险。

对于创业者时间偏好与过度劳动的关系，我们着重分析他们时间、精力的成本和收益在当期与未来存在怎样的差异，以及这些差异是如何影响他们进行劳动供给决策的。首先，行为经济学发现时间偏好具有“符号效应”，即人们在进行跨期选择时普遍对收益的贴现率高于对损失的贴现率的评估。创业者由于更积极地看待风险的商业环境，因此对于时间投入的收益价值评估较高，而对于健康损失的贴现率评估较低，所以，创业者会忽视其疲惫的感受而坚持更持久地投入工作中。其次，时间偏好的“量值效应”认为人们在跨期选择时会随着支出或收益的金额的增加而降低贴现率估计，即人们对于大额支出(收益)的贴现率估计低于小额支出(收益)（王锦锦等，2017）。创业者相比于就业者而言无论是资金投入还是预期的时间精力投入都明显大于后者，因此，伴随着量值效应，更低的贴现率意味着较低的机会成本和更强的投入意愿，这也会进一步支撑创业者在疲惫的时候选择继续投入从而预期未来获得更多收益。最后，由于存在“框架效应”，人们决策时更注重参考点，比如，人们对于自己健康状况变差的预期一般与年龄相关，而且预期的时间较长且短期变化容易被忽视，基于时间偏好率递减规律，创业者进行劳动投入时，即便因过劳生病、致残甚至死亡导致的损失是巨大的，但由于人们短期容易忽视其存在，而长期损失的贴现率很低，因此，创业者会更加重视创业的预期收益，并渴望收益回报短期获得，这更加剧了比较收益成本之间的差值，使得创业者不但选择超时超负荷工作，且会伴随每一次的跨期决策而选择坚持更久。

总之，人们跨期决策时的“符号效应”“量值效应”和“框架效应”会在创业者进行劳动供给决策时产生助推机制，从而使他们在超时超负荷工作感到疲惫的时候，还愿意坚持更久，从而造成过度劳动的风险。

4.4.3 创业者的社会偏好与过度劳动——自我认同

依照前文逻辑分析，创业者由于个体主观或外部客观原因，或主动或被动地选择了超时超负荷的工作，并且由于风险偏好和时间偏好的助推机制在自身生理和心理感受到疲劳蓄积的情况下仍然选择坚持，甚至坚持更久，那么当日复一日的疲劳蓄积到一定程度，甚至威胁到创业者本人的身心健康时，他们是不是就会理性地结束工作，放弃他的职位、利益及前途，甚至舍弃他的情感、责任及使命呢？如果创业者是完全理性的经济人，面对工作侵蚀健康的问题，他们应当毫不犹豫地选择结束工作。然而，现实中的人是复杂的，在进行决策时，他们不仅关心自身的物质收益、心理收益，还会关心他人的利益，这就是社会偏好理论的核心。具体而言，社会偏好可以细分为三种偏好：利他偏好、互惠偏好和差异厌恶偏好(公平偏好)（陈叶烽，2009）。下文将创业者作为“适度社会化的行为人”，分析其进行劳动供给决策时，如何在各种社会偏好推动下，突破自利原则，将他人的利益转化为自身效用，并在实现过程互惠及结果平等的努力中形成对超时超负荷工作的自我认同，从而增加了过度劳动的风险。

图 4–8 描绘了创业者的三种社会偏好认知推动其社会身份的自我认同，以及因此造成的创业者过度劳动行为倾向。一是利他偏好是指社会中的个体认为自身效用与他人的利益相关，所以会自发地对他人施加某些有利于他人的行为，并且不会精确计算这些行为的成本收益。创业者基于这种利于他人的社会本能，会产生满足社会需求、推动社会进步及社会责任承担者的身份认同，从而推动创业者积极追求社会价值，谋求企业多元化发展，频繁参加社会活动等，这势必增加了创业者的工作广度和强度，形成过度劳动的风险和行为倾向。二是互惠偏好是指社会中的个体在相互交往中会基于社会心理动机需要，认为尽管需要付出一定的成本，人们却会以善报善，以恶惩恶（陈叶烽，2009）。创业者基于这种有条件的社会偏好会对自己作为诚信的企业家、多方利益维护者、员工凝聚力塑造者的身份产生强烈的自我认同，而为了维护这种社会认同，创业者在工作过程中会以顾客导向为决策核心，快速响应市场变化，而为了兼顾多方利益，会常常执行多个任务，并且为员工做好表率，追逐工作效率。这些工作要求与习惯极易为过度劳动埋下伏笔。三是公平偏好源于人们对不平等结果的厌恶，人们在处于优势和劣势时都会因不平等境遇感到效用损失，而由于损失厌恶心理导致处于劣势的不平等效用损失大于处于优势不平等的效用损失。所以，创业者希望身处于一个公平良好的竞争秩序中并通过努力创造自己领先的核心竞争力来维护这种平衡，同时，创业者也会通过追求声望地位来巩固自己社会影响力者的社会身份认同，并且实现创业者群体中其他成员对他的认可。

总之，创业者在创业早期未获得商业成功的阶段，他们的行为主要受到自利动机驱使，而随着创业组织的发展，尤其是获得一定商业成功后，创业者的自利动机会向社会动机转化（刘容志等，2016）。而在各种社会偏好推动下，创业者进行劳动供给决策时会突破自利原则，将他人的利益转化为自身效用，并在实现过程互惠及结果平等的努力中形成对超时超负荷工作的自我认同，从而增加了过度劳动的风险。

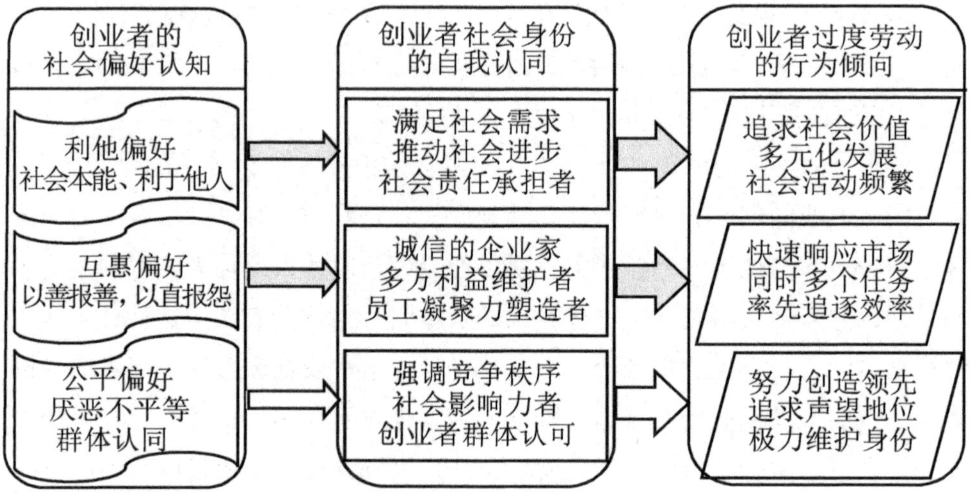

图 4–8　创业者的社会偏好、身份认同与过度劳动行为倾向

4.5　本章小结（见下表）

创业者过度劳动行为形成机制分析框架

视角	分析切入点	行为经济学理论基础	对创业者过度劳动行为的解读	对实证分析的启示
内在主动性因素	人格特质	创业者人格劳动供给的偏好理论	创业者的自主性与内控性人格使他们为了控制目标成就，自主超时工作，主动承担高强度高负荷工作；高成就需要的创业者具有很高的工作激情，而强迫性工作激情就会导致工作沉迷；自我效能感高且勇于创新和冒险的创业者在面对工作压力时更加坚持、积极，愿意放手一搏，增加了过度劳动的风险	创业者的完美主义人格及成就动机、自我效能感高等特质会增加其发生过劳的概率
	认知能力	创业者认知启发式决策禀赋效应	创业者启发式决策导致的“认知偏差”及效果推理的“将错就错”使创业者往往以乐观、坚韧的态度面对频繁出现的紧急而繁重的工作任务，客观上的确增加了过度劳动的风险。创业者劳动供给决策禀赋效应使其在追逐收益机会的同时大大低估了健康资源的价值，从而做出超量劳动投入的决策	创业者对身体健康与心理健康素养的认知偏差会增加其发生过劳的概率，但主观乐观偏差有助于减缓过度劳动发生的概率

续　表

视角	分析切入点	行为经济学理论基础	对创业者过度劳动行为的解读	对实证分析的启示
内在主动性因素	工作价值观	劳动的总计效用	创业者的工作价值观引导他对劳动供给与闲暇进行评价，而决策结果的劳动供给总计效用常常不能达到期望的满意结果，促使创业者逐步增加劳动投入来提高总计效用，产生过度劳动风险	创业者积极的工作价值观及工作热情会增加其发生过劳的概率
外部被动性因素	社会层面	信号传递博弈 竞争优势理论	创业者必须深谙政府制定的宏观政策，并与消费者和投资方进行信号传递博弈，超越其他竞争对手进而形成绝对的竞争优势，而这必将伴随着创业者在劳动投入中参考点不断上调，时间、精力、压力的竞争性卷入，从而形成过度劳动的风险	创业者在社会层面感受到的竞争、环境、风险压力会加重其过劳程度，但充足的资源条件会缓解过劳
	组织层面	沉没成本效应 承诺升级	创业者每一次面临“坚持还是放弃”的决策过程都会受到初始目标、代理决策、社会规范、进展程度、经营状况、决策风险、从众心理、个性特征等诸多因素影响，随着金钱、时间和努力投入的增加，沉没成本效应将影响创业者决策的目标和评估机制，从而形成自我及对团队成员的承诺升级，驱动他们不断追加投入资金、延长劳动时间，提高努力程度，从而引发过度劳动风险；而不断加深的沉没成本效应又会导致创业者过度劳动，从而进入不良循环中	创业者在组织层面对沉没成本的损失厌恶会增加其发生过劳的概率
	家庭层面	创业资源拼凑理论 工作家庭边界理论	基于积累家庭财富动机的目标导向行为和基于工作家庭边界的角色冲突使得创业者需要不断评估、调整、坚持、升级他在工作中的时间、精力投入水平，一方面努力实现其创业目标，另一方面又必须平衡工作家庭责任，这个冲突与压力不断变化的过程，势必增大了创业者过度劳动的风险	创业者在家庭层面表现得工作无边界会增加其发生过劳的概率，但获得的家庭支持可以缓解过劳

续 表

视角	分析切入点	行为经济学理论基础	对创业者过度劳动行为的解读	对实证分析的启示
偏好助推因素	风险偏好	过度自信效应	创业者在风险感知层面表现为对超时超负荷工作收益的过度自信，而对于可能造成的身心损伤则存在相信小数定律的认知偏差；在风险倾向层面，创业者更可能将过度劳动作为超越其他竞争对手的机会，接受挑战，迎难而上；在外部环境层面，不断完善的创业政策、制度及帮扶体系可能促使创业者更为激进和冒险，选择坚持超时超负荷工作，从而加大了过度劳动的风险	创业者对收益的风险偏好及对损失的风险厌恶会增加其发生过劳的概率
	时间偏好	时间偏好不一致性理论	行为经济学重新解读了个体决策时依赖的时间偏好不一致性，发现了人们跨期决策时的“符号效应”“量值效应”和“框架效应”，这些效应在创业者进行劳动供给决策时也会产生助推机制，从而使他们在超时超负荷工作感到疲惫的时候，还愿意坚持更久，从而造成过度劳动的风险	创业者因时间偏好表现出的工作时间倾向会增加其发生过劳的概率
	社会偏好	利他、互惠与差异厌恶偏好	将创业者作为“社会行为人”，分析其进行劳动供给决策时，如何在各种社会偏好推动下，突破自利原则，将他人的利益转化为自身效用，并在实现过程互惠及结果平等的努力中形成对超时超负荷工作的自我认同，从而增加了过度劳动的风险	创业者基于社会偏好，对他人利益的关注及亲率加班等行为会增加其发生过劳的概率

第5章

创业者过度劳动状况、形成及影响的实证分析

本研究第3章以行为经济学前景理论为视角，分别从创业者劳动投入决策的参考点、损失厌恶和决策加权三个要素入手，编辑并评估每个决策阶段的前景，进行推导出创业者过度劳动的演化过程，从而在理论上勾勒出创业者过度劳动问题研究的分析框架。接着在第4章以经验分析为主，在廓清创业者群体特征和工作特征的基础上，从内在动机诱因、外部目标驱动、偏好助推机制分别阐述创业者过度劳动的影响因素。本章将在此基础上，通过实证调研的数据分析，对我国创业者过度劳动的状况、特征、影响因素等进行进一步的研究、探索与验证。

5.1 研究设计

5.1.1 调研工具：问卷的编制与说明

2019年我国日均新设企业主体已达2.02万户。为全面了解我国创业者过度劳动的真实状况，探究他们过劳的演进机制及影响因素，本研究采取问卷调查的方式展开数据搜集。为了更好地契合研究目的与研究假设，笔者参考了大量相关研究文献，并多次与本领域有经验的研究者进行沟通，编制了《创业者劳动与工作健康调查问卷》，问卷初步设计完成后先进行了试调查，与7位创业者进行了一对一的探讨，征询他们对问卷内容及填写过程中的想法与意见，并在此基础上对问卷题目、选项等进行修订、增减及细化工作，主要包括：

（1）将原问卷标题《创业者过度劳动与工作健康调查问卷》改为《创业者劳动与工作健康调查问卷》，因被访者认为“过度”二字存在对其劳动投入的预判，具有倾向性。

（2）增加了A7：相对于眼前的辛苦和付出，我更关注未来的回报。

（3）将原问卷A15: 技术变革带给我很大压力。A16: 市场竞争带给我很大压力。A17：政策变化带给我很大压力。三个题目合并为A15: 技术、市场、制度等外部环境的快速变化带给我很大压力。

（4）增加了关于创业者心理健康的调查，运用《伯恩斯心理忧郁量表》（BDC）判断被测者抑郁程度，为在心理健康视角对过劳后果研究提供可行性。

（5）将原问卷D3.您的婚姻状况：A.已婚　B.未婚 C.离异。修订为D3：您的婚姻状况：A.有配偶　B.无配偶。答案简单明了，便于回答，一定程度尊重被调查者隐私。

（6）对原问卷D4的行业分类进行细化，具体参照上市公司行业分类指引。

（7）将D7：月均收入和D8。月均支出两题合并为D7：平均每月的生活支出占月收入的百分比。

在此基础上形成了调查问卷的最终版本，全部问卷参见附录。

需要特别说明，由于过度劳动概念本身内涵比较丰富，既有动态过程累积，又需要结果度量判定，而且涉及多个学科、多个领域的参照指标，若再考虑调查对象差异则进一步增加了测量的困难和复杂性，因此，本研究主要以成熟量表及已有文献中信效度已得到充分验证的问卷为基础，根据研究目的，基于理论分析确定的研究变量设计了本问卷。下文将对问卷的结构（包括主要维度、题项来源、对应变量解释）及问卷信效度检验情况展开说明。

1.问卷的结构

《创业者劳动与工作健康调查问卷》主要分为四部分内容。第一部分为个性特征与工作感受，包括24个题目，采取的填写方式为七点量表。从1~7分别代表非常不符合到非常符合，要求被调查的创业者按照自我认知及感受对题目所描述的内容的符合程度进行填写。问卷的第二部分为外部环境与工作状态，包括7道题目，工作与睡眠时间采用开放式填写，创业阶段、盈利状况、家庭支持等采用了封闭式选择的方式填写。问卷的第三部分为疲劳蓄积及抑郁状况，包括两个量表，第一个量表是日本厚生劳动省中央劳动灾害防治协会（2003）的《疲劳蓄积度自测诊断量表》。该量表C_1和C_2包含疲劳自觉和工作负担两个分量表，每个分量表的测量计算结果可分为四个等级，将二者交义进行“过劳”程度的综合判定，最终取值范围为0～7，数值越大表明“过劳”程度越深。为便于统计分析，依照本领域学者研究惯例，将其划分为四阶段:0～1分表示没有“过劳”，2～3分表示“轻度过劳”，4～5分表示“中度过劳”，6～7分表示“重度过劳”。该量表从疲劳自觉和工作负担两个维度对创业者过劳程度进行评定。量表C_3为《伯恩斯心理忧郁量表》（BDC），它由15个问题组成，所有问题用0～3衡量，表示“没有、轻度、中度、严重”，将15个项目分数加总，介于0～45之间，分数越高，抑郁程度越高。分数在0～4为无抑郁；分数在5～10为偶尔有抑郁情绪；分数在11～20为轻度忧郁症；分数在21～30为中度抑郁症；分数在31～45为重度抑郁症。该量表经检验具有较高信度和效度。问卷的第四部分为基本信息，包括7道题，分别为：性别、年龄、婚姻状况、所属行业、创业年限、企业规模、支出占收入比等都采用了封闭选择的方式。

2. 问卷的信效度检验

调查问卷的信效度检验对于实证研究而言是必要的。首先，调查问卷是否具有可靠性与稳定性，各测量指标是否具有较高的内部一致性，需要用问卷的信度来检验。本研究采用 α 系数对各部分问卷的信度进行检验，结果如下表所示，可以看出各分量表系数大多在0.8以上，问卷信度较高。

表 5–1　问卷的信度检验

问卷部分	被检验的问卷内容	Cronbach's Alpha 系数	N of Items
第一部分	个性特征与工作感受	0.820	24
第二部分	外部环境与工作状态	0.747	5
第三部分	疲劳蓄积状况	0.839	20
第三部分	抑郁状况	0.890	15

注：第二部分包括7道题，但由于前两道是开放式填写，因此进行信度检验的题目数为6项。

其次，问卷设计中相关检测因素使用的题目大多来源于已有研究文献中相对成熟的量表，具有良好的内容效度：如关于个性特征要素的部分题目参考了北京大学心理学系王登峰等编制的中国人人格量表（QZPS），关于健康素养的题目选自国家卫生健康委员会发布的《中国公民健康素养调查问卷》，关于创业动机的题目来源于清华大学创业研究中心设计的《创业动机调查问卷》，工作感受和状态类测量题目借鉴了孟续铎、王欣（2014），王欣、杨河清（2016），刘贝妮（2018）等学者文献中的问卷。

最后，通过因子分析对问卷结构效度进行验证，相关题目的KMO值为0.874，大于0.5，且Bartlett球度检验近似卡方值为5248.69，统计值的显著性概率为0.00，小于0.01，说明问卷具有良好的结构效度。

5.1.2　调研过程：样本分布与数据收集

前文将研究对象“创业者”界定为通过创立企业或以个人形式参与市场活动，整合资源生产产品或提供服务，经营管理并承担决策风险的人。本研究的调查对象为曾经发起创业活动、整合资源经营管理并承担决策风险的创业者们。对于样本分布及规模的考量主要依据问卷题目数量和实际被调查者的分布情况。本研究参照2019年中国区域创新创业指数显示的我国新创企业分布情况、区域比例及规模差异，采用方便抽样方法，按照东部地区占60%，中部地区占20%，西部地区占15%，东北地区占5%的比例，通过多渠道共回收了1181份问卷，最终获得1078份有效问卷。

问卷的发放和回收集中于两个时间段：一是2019年3月—5月，采取电子问卷方式，主要依靠同事、同学、朋友等社会关系，联系身边符合本研究“创业者”界定的对象，点对点发放电子调查问卷链接，共收集问卷98份。二是2019年9月—11月，主要采取的形式为网络问卷，依托第三方平台，并通过笔者的社会关系以邮件的方式发放问卷，共收集问卷1083份。

本研究共收集问卷1181份，剔除个人信息部分严重缺失的问卷、连续多题答案空缺的问卷以及具有明显答题规律、答案集中的问卷103份，得到有效问卷1078份，问卷回收质量较高，有效率91.3%，且符合样本容量的选取要求。

5.1.3　基本判断：模型设定

基于本书第3章的理论分析和第4章的经验分析，可以做出一些基本判断：我国创业者存在过劳现象，且过劳程度较重；创业者的个人信息及生活情况（包括性别、年龄、婚姻状况、通勤时间、支出收入比等）会导致其过度劳动的程度呈现出显著性差异；创业者的组织情况（包括所处行业、创业年限、人员规模、盈利状况等）会导致其过度劳动的程度呈现出显著性差异。以上判断将通过5.2节的数据描述性统计及方差分析展开验证。

更进一步，基于前文理论分析，创业者因其个性特质、工作价值观、健康认知等内在主动性因素的异质性对劳动的成本收益产生积极或消极的感受，不同参考点的选择导致疲劳自觉评分差异；创业者因工作特征、家庭、组织及社会层面等外部被动性因素造成沉没成本效应，基于损失厌恶机制，创业者对是否持续地延长工作时间，增加工作负担进行价值评估；结合偏好助推因素影响决策加权，以价值最大化为原则做出选择。最终，工作负荷的加重和疲劳自觉的蓄积共同决定了创业者的“过劳”程度。以上分析框架即为创业者过度劳动成因的理论模型，见图5-1。

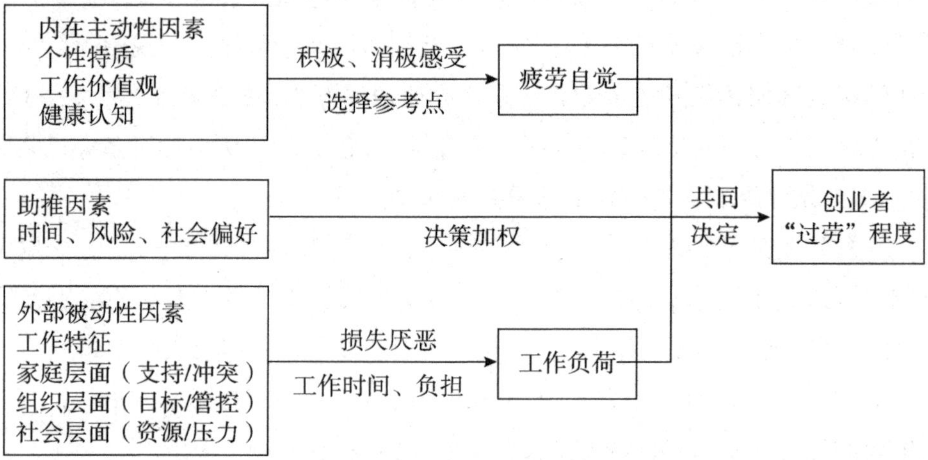

图5-1　创业者过度劳动成因理论模型

对应第4章创业者过度劳动形成机制在内在主动性因素、外部被动性因素和助推因素三方面具体细致的理论分析，提出如下10个研究假设：

假设1：创业者的完美主义人格及成就动机、自我效能感高等个性特质会增加其发生过劳的概率。

假设2：创业者对身体健康与心理健康素养的认知偏差会增加其发生过劳的概率，但主观乐观偏差有助于减缓过度劳动发生的概率。

假设3：创业者积极的工作价值观及工作热情会增加其发生过劳的概率。

假设4：创业者在社会层面感受到的竞争、环境、风险压力会加重其过劳程度，但充足的资源条件会缓解过劳。

假设5：创业者在组织层面对沉没成本的损失厌恶会增加其发生过劳的

概率。

假设6：创业者在家庭层面表现得工作无边界会增加其发生过劳的概率，但获得的家庭支持可以缓解过劳。

假设7：创业者对收益的风险偏好收益及对损失的风险厌恶会增加其发生过劳的概率。

假设8：创业者因时间偏好表现出的工作时间倾向会增加其发生过劳的概率。

假设9：创业者基于社会偏好对他人利益的关注及加班文化会增加其发生过劳的概率。

假设10：规律的体育锻炼可以缓解创业者过劳。

以上假设将通过本章第5.3节回归分析进行验证。

5.2　创业者过度劳动的基本状况

5.2.1　样本基本情况

1. 样本区域分布

此次调查共收集了1078个样本，涵盖全国22个省，3个直辖市，4个自治区，其中来自广东、北京、上海、陕西和山东五个省市的样本量最多，如果按照中、东、西、东北部四个经济板块划分，来自东部地区的样本量占到62.9%，中部地区有20.2%，西部地区有12.5%，而东北部地区仅有4.4%

2. 样本基本情况分布

调查对象以男性居多，占比69.01%，年龄集中于25~35岁，共739人，占比68.50%，有71.52%的被调查者拥有配偶。此外，被调查者所在的企业创立年限主要为1~5年，其中创立了1~3年的企业占比43.10%，3~5年的占比33.50%。

除此之外，本次调查共涉及18个一级分类行业（未涉及卫生和社会工作以及国际组织），占20个一级行业的90%。其中，大部分被调查者处于信息传输、软件和信息技术服务业，占比24.6%；其次为制造业，占比20.10%；最后为批发和零售业，占比11.60%。

表 5-2　样本基本信息

背景变量		频率（人）	百分比（%）	背景变量		频率（人）	百分比（%）
性别	男性	744	69.01	创业年限	1 年及以下	106	9.80
	女性	334	30.99		1~3 年	465	43.10
年龄	24 岁及以下	121	11.20		3~5 年	361	33.50
	25~35 岁	739	68.50		5~8 年	142	13.20
	36~45 岁	192	17.80		8 年及以上	4	0.40
	46~55 岁	22	2.00	人员规模	10 人及以下	212	19.60
	56 岁及以上	4	0.40		11~50 人	403	37.40
婚姻状况	有配偶	771	71.52		51~100 人	260	24.10
	无配偶	307	28.48		101~500 人	174	16.10
					500 人及以上	29	2.70

表 5-3　样本的一级分类行业分布情况

一级分类行业	频数	百分比	一级分类行业	频数	百分比
农、林、牧、渔业	24	2.20	金融业	61	5.70
采矿业	3	0.25	房地产业	16	1.50
制造业	217	20.10	租赁和商务服务业	24	2.20
电力、热力、燃气及水生产和供应业	24	2.20	科学研究和技术服务业	45	4.20
建筑业	41	3.80	水利、环境和公共设施管理业	9	0.80
批发和零售业	125	11.60	居民服务、修理和其他服务业	18	1.70
交通运输、仓储和邮政业	38	3.50	教育	40	3.70
住宿和餐饮业	63	5.80	卫生和社会工作	18	1.70
信息传输、软件和信息技术服务业	265	24.60	文化、体育和娱乐业	47	4.40

5.2.2　创业者过度劳动的总体状况

1.基于量表测量的我国创业者过劳情况统计

我国创业者过度劳动得分的样本均值为3.67分，整体评价处于轻度过劳向中度过劳的状态；标准差为2.22，从各分数段人数占比来看，有21.20%被调查创业者（0~1分）不过劳，但同时55.64%的被调查创业者（4~7分）处在中重度过劳状态，其余23.16%的被调查创业者（2~3分）处于轻度过劳状态。以上调查结果部分验证了研究假设1，数据显示我国创业者整体过劳得分超越了轻度过劳标准，即将达到中度过劳标准，而且由于我国创业者“过劳”内部差异比较大，中重度过劳占比较高，具体情况见表5–4。

表5–4　创业者过劳分数分布状况

过劳等级	过劳得分	频率	有效百分比（%）	分类百分比合计（%）
轻度过劳	2分	111	9.40	23.16
	3分	162	13.70	
中度过劳	4分	208	17.60	27.80
	5分	120	10.20	
重度过劳	6分	210	17.80	27.80
	7分	118	10.00	

按照创业者所处行业和经济区域分类统计过劳得分的均值，见图5–2，按行业划分，过劳情况最严重程度前三个行业：①批发和零售业；②房地产业；③文化、体育和娱乐业。根据中国劳动统计年鉴发布的《中国城镇就业人员周平均工作时间》，2018年第三产业的周平均工作时间高于整体均值，批发和零售业从业人员每周工作时间为49.2小时，这与我们的调查结果一致。

按经济区域划分，西部地区过劳情况最严重。笔者查阅了北京大学企业大数据研究中心编制的《2019年中国创新创业指数》发现，创新创业指数越低的区域创业者过劳均值越高，见图5–3。区域创新创业发展指数的指标体系包含：

创新投入、创新产出、创新成效、创新创业环境四个一级指标和 28 个二级评价指标，充分反映了各区域对于创新的投入状况、产出结果、对区域经济社会发展的影响以及对创新创业的引导和扶持力度，是对区域创新创业活跃度的整体评价。指数越高表示该区域创新创业总体水平和发展状况越好，整体经济、政策环境越好，创业者可获得支持越多，感受到的不确定性风险越小。通过第四章分析已知，压力、风险及支持对于创业者“过劳”而言是非常重要的影响因素。

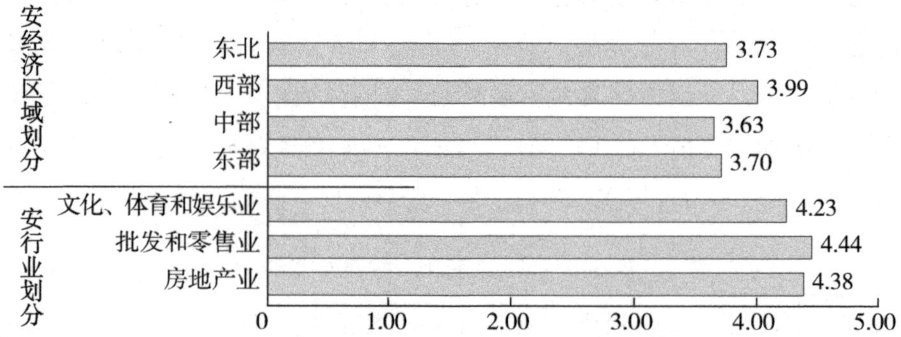

图 5-2　各地区各行业创业者过劳得分均值条形图

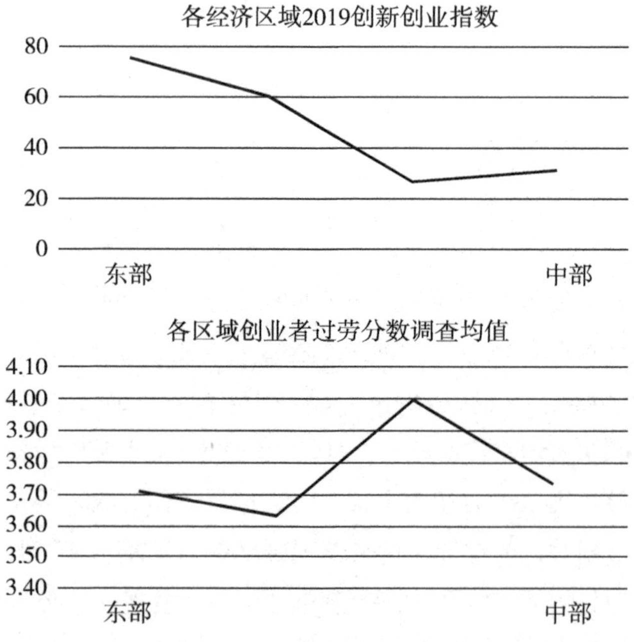

图 5-3　各地区各行业创业者过劳得分均值条形图

2. 创业者和其他群体过劳程度对比

为了进一步考量创业者过劳程度分布的严重情况，笔者对比了近年来运用相同的过劳测量工具对不同的行业或职业的样本进行测量的结果，包含2010年王丹对北京地区知识工作者的调查，2010年贺琼对北京高校教师的调查，2013年孟续铎对全国范围内劳动者的调查，2015年王欣对企业一线员工的调查，2017年刘贝妮对全国范围内高校教师的调查，具体对比结果见表5–5。

表5–5　创业者和其他群体过劳程度对比（%）

过劳等级	创业者	北京地区知识工作者①	北京地区高校教师②	全国范围劳动者③	企业一线员工④	全国范围高校教师⑤
不过劳	21.20	27.30	18.70	41.30	24.70	0.00
轻度过劳	23.16	33.60	27.30	23.60	30.40	8.60
中度过劳	27.82	27.60	27.30	21.90	29.10	45.40
重度过劳	27.82	11.50	26.80	13.20	15.80	46.00

通过对比可以发现，创业者相对于其他群体，重度过劳程度比较高。首先需要说明的是，在刘贝妮的调查中，全国范围内711位参与调查的高校教师处在绿灯区，即不过劳的为0人，笔者认为与实际情况有所背离；一方面有可能是各位参与调研的老师主观过高地估计了自己的过劳程度；另一方面也有可能来自问卷调查这种形式本身的弊病。对比北京地区高校教师的工作状况，全国高校平均工作压力、竞争压力以及经济压力等状况应低于北京地区，北京地区的高校教师过劳状况也应高于全国平均状况，在贺琼针对北京地区高校教师的研究中还有18.7%的受访教师处于绿灯区，而全国处于绿灯区的教师却为0，这有些不符合实际情况。在不考虑刘贝妮的调研结果的情况下，对比其他群体，创业者处在不过劳区域即绿灯区的比率是较少的，仅有21.20%，

① 王丹2010年博士论文《我国知识工作者过度劳动的理论与实证研究》。
② 贺琼2010年硕士论文《高校教师“过度劳动”问题研究 -- 以北京市高校为例》。
③ 孟续铎2013年博士论文《劳动者过度劳动的成因研究》。
④ 王欣《工作要求、工作资源对企业员工“过劳”的影响》发表于2016年6月刊《软科学》。
⑤ 刘贝妮2018年博士论文《我国高校教师过度劳动问题研究》。

低于大部分职业群体，如知识工作者、劳动者和一线员工。其次，从过劳严重程度来看，创业者处于深红灯区的比例除了全国范围高校教师之外比例最高，可以看出过劳程度较为严重。

3. 基于疲劳自觉和工作负担维度对我国创业者过劳情况分析

基于疲劳自觉维度，数据分析发现，有60.6%的创业者在调研时自我感觉处于中度和重度过劳区域，具体而言，分别占比44.7%和15.9%，比例非常高，见表5–6。

表5–6　创业者疲劳自觉状况

自觉状况	频率	百分比	有效百分比	累积百分比
I级（0~4分）	98	8.3	8.3	8.3
II级（5~10分）	366	31.0	31.0	39.4
III级（11~20分）	527	44.7	44.7	44.7
IV级（21分以上）	188	15.9	15.9	100.0

从工作负担维度来看疲劳蓄积，C等和D等的人数占到了70.2%。这与创业者自觉疲劳状况相差大约10%，见表5–7。

表5–7　创业者工作负担状况

工作负担	频率	百分比	有效百分比	累积百分比
A等（0分）	125	10.6	10.6	10.6
B等（1~2分）	226	19.2	19.2	29.8
C等（3~5分）	428	36.3	36.3	66.1
D等（6分以上）	400	33.9	33.9	100.0

5.2.3　基于个人情况及创业情况的创业者过劳分析

笔者先将本研究的关注点聚焦于处于中重度过劳状况的创业者，因此以过劳分数超过4为标准将被调查者划分为中重度过劳组与非中重度过劳组。样本总的中重度过劳发生率为56.4%，男性的发生率低于女性（53.8% vs 63.3%）。不同婚姻状况创业者的中重度过劳发生率无明显变化。对于中重度过劳，家庭不支持的发生率高于家庭支持的创业者（68.8% vs 54.5%）；通勤时间1小时以上的发生率高于 1 小时以内的（62.0% vs 50.3%）；无规律锻炼行为的发生率高于有规律锻炼行为的创业者（67.2% vs 52.8%）；不同盈利状况之间，随着创业者盈利减少、持平到亏损，中重度过劳发生率提高；不同创业发展阶段和不同人员规模的创业者中重度过劳发生率明显有差异，转型期阶段的创业者，比率高达 70.6%，成熟期阶段的创业者发生中重度过劳的比率只有 39.6%；人员规模与创业者中重度过劳发生率之间并非简单线性关系，企业规模在 51~100 人的创业者最容易发生中重度过劳，比率 60.4%。相关分析数据见表 5–8。

表 5–8　不同特征创业者中重度过劳发生率比较

	调查内容	人数	检出人数	检出率（%）	χ^2 值	P 值
基本特征	性别				6.80	0.010
	男	744	400	53.8		
	女	334	208	63.3		
	婚姻状况				4.50	0.480
	有配偶	771	440	57.1		
	无配偶	307	168	54.7		
生活情况	家庭支持				1090.32	<0.001
	不支持	144	99	68.8		
	支持	934	509	54.5		
	支出收入比				5.94	0.030
	20% 及以下	160	85	53.1		
	21%~40%	525	282	54.1		
	41%~60%	291	174	59.8		
	61%~80%	76	50	65.8		
	80% 以上	26	15	57.7		
	通勤时间				8.20	0.004
	1 小时以内	673	357	50.3		
	1 小时以上	405	251	62.0		
创业状态	盈利状况				21.12	<0.001

续 表

	调查内容	人数	检出人数	检出率(%)	χ^2值	P值
创业状态	盈利	840	447	53.2		
	持平	163	102	62.6		
	亏损	75	59	78.7		
	发展阶段				13.38	0.010
	初创期	392	242	61.7		
	成长期	614	332	54.1		
	成熟期	53	21	39.6		
	转型期	17	12	70.6		
	衰退期	2	1	50.0		
	人员规模				10.34	0.030
	1~10人	212	115	54.2		
	11~50人	403	239	40.7		
	51~100人	260	157	60.4		
	101~500人	174	81	46.6		
	501人及以上	29	16	55.2		

为了具体了解各显著变量与创业者过劳状况的关系，下面将运用方差分析方法对展示显著变量与创业者过劳分数均值之间的变化规律。

1. 性别

由表5-9可知，男性创业者的过劳测评平均分数为3.59，女性创业者的过劳测评分数为3.96，女性创业者略高于男性创业者，通过方差分析结果F值为6.432，通过显著性检验，性别在过劳上存在差异（P=0.011<0.05）。

表5-9 性别与创业者过劳分数的均值和方差分析

性别	平均值	标准差	F值	显著性
男	3.59	2.233	6.432	0.011
女	3.96	2.142		
总计	3.71	2.211		

2. 家庭支持

由表5–10可知，能获得家庭支持的创业者过劳测评平均分数为3.58，而无法获得家庭支持的创业者的过劳测评分数均值为4.51，通过方差分析结果F值为22.199，通过显著性检验，家庭支持在过劳上存在差异（P<0.001）。

表5–10 家庭支持与创业者过劳分数的均值和方差分析

家庭支持	平均值	标准差	F值	显著性
支持	3.58	2.089	22.199	<0.001
不支持	4.51	2.204		
总计	3.71	2.211		

3. 家庭生活支出收入比

受访者中，47.16%的创业者每月家庭支出占收入的百分比为21%~40%，每月家庭支出占收入的百分比为41~60%的创业者占比26.97%，每月家庭支出占收入的百分比为80%以上的创业者占比最低，仅为3.31%。表5–11显示，从不同家庭生活支出的创业者的过劳分数来看，每月家庭支出占收入的百分比为80%以上的创业者过劳分数均值最高，为4.46分，百分比为61%~80%的创业者过劳分数均值为3.99分，而百分比在20%及以下的创业者平均值最低，仅有3.38分。从方差分析结果来看，F值为3.292，这种差异显著（P=0.011<0.05）。

表5–11 不同家庭生活支出的创业者过劳分数的均值和方差

每月家庭支出占收入的百分比	平均值	标准差	F值	显著性
20%及以下	3.38	2.290	3.292	0.011
21–40%	3.55	2.177		
41–60%	3.83	2.257		
61–80%	3.99	2.052		
80%以上	4.46	2.360		

4. 通勤时间

通过统计分析发现，46.82%的创业者通勤时间在0.5~1小时，23.66%

的创业者通勤时间在1~1.5小时，通勤时间在2小时以上的受访创业者占比6.36%。通勤时间在1~1.5小时以内的创业者过劳分数平均值为4.08，通勤时间在0.5~1小时，1.5~2小时及2小时以上的创业者的过劳分数均值相似，大约为3.60，而通勤时间在0.5小时以内的创业者过劳分数均值最低。从方差分析结果来看，不同通勤时间的创业者过劳分数有显著性差异，P=0.002<0.005。过长的通勤时间增加了疲劳自觉的程度，挤占了创业者的闲暇社交时间，增加了过劳风险，见表5-12。

表5-12　不同通勤时间的创业者过劳分数的均值和方差

通勤时间	平均值	标准差	F值	显著性
0.5小时以内	3.25	2.275	4.237	0.002
0.5~1小时	3.60	2.154		
1~1.5小时	4.08	2.258		
1.5~2小时	3.74	2.185		
2小时以上	3.64	2.282		

5. 盈利状况

调查样本中，大部分企业处于微利状况，占比51.82%，其次为盈利状况良好，处于亏损状态的企业最少，占比7.63%。从过劳分数均值来看，处于亏损状态的企业的创业者过劳分数均值最高，达到4.69分，其次是盈亏持平企业的创业者，有4.06分，而良好盈利状况的企业创业者过劳分数均值最低，为3.01分。由方差分析可知，F值为17.597分，P=0.000，说明不同企业盈利状况的创业者过劳分数有显著差异，见表5-13。

6. 创业发展阶段

54.54%的创业者的发展阶段处于成长期，38.34%处于初创期，5%处于成熟期，而仅有1.78%和0.34%处于转型期和衰退期。从过劳分数均值来看，过劳分数均值最高的是处于转型期的创业者，达到4.19分，其次为处于初创期的创业者，分数为3.88分，最低的是成熟期的创业者，均值为2.88分。由方差分析可知，不同发展阶段的创业者过劳分数均值有显著差异

（P=0.007<0.05），见表5-14。

表 5-13　盈利状况与创业者过劳分数均值和方差

盈利状况	平均值	标准差	F 值	显著性
良好	3.01	2.183	17.597	0.000
微利	3.71	2.207		
盈亏持平	4.06	2.174		
亏损	4.69	1.929		

表 5-14　创业发展阶段与创业者过劳分数均值和方差

创业发展阶段	平均值	标准差	F 值	显著性
初创期	3.88	2.228	3.504	0.007
成长期	3.57	2.177		
成熟期	2.88	2.313		
转型期	4.19	2.581		
衰退期	3.75	2.363		

7. 人员规模

从方差分析结果可知，不同人员规模的创业者的过劳分数均值是有显著差异的（P=0.000）。过劳分数平均值中，人员规模为11~50人的创业者的过劳分数平均值最高，达到3.96分，其次为51~100人、10人及以下和500人及以下，分别为3.79分，3.46分和3.39分，见表5-15。

表 5-15　不同人员规模的创业者过劳分数均值和方差

人员规模	平均值	标准差	F 值	显著性
10 人及以下	3.46	2.252	5.076	0.000
11~50 人	3.96	2.091		
51~100 人	3.79	2.274		

续 表

人员规模	平均值	标准差	F 值	显著性
101~500 人	3.17	2.265	5.076	0.000
500 人及以下	3.39	2.344		

5.3 创业者过度劳动成因的实证检验

5.3.1 变量说明与研究方法

前文探索了创业者个体特征、生活情况、创业状况与其“过劳”之间的关系。下文将根据第4章理论分析模型选取影响创业者过度劳动的因素，构建计量模型，通过数据分析各变量对创业者过度劳动的影响方向及程度。

1. 因变量的选取与说明

模型的因变量为创业者的“过劳”程度。本文将“过劳”程度的4个级别分别赋值：不过劳=1，轻度过劳=2，中度过劳=3，重度过劳=4。该变量为顺序变量，数值越大表示创业者“过劳”程度越高。

2. 自变量的选取与说明

关于自变量的选取做如下说明：虽然创业者的个体特征、生活状况、创业状态、行业和区域特征可能会对创业者过劳程度造成一定的差异，但是并不是本研究的关注重点，并且前文已经就显著变量进行了方差分析，因此在构建模型中不将其作为自变量。因此，本文主要依据第4章创业者过度劳动形成机制的分析，对影响因素进行分类和细化，最终选取了24个自变量，所有变量均用李克特7分量表进行赋值。表5-16为变量分类、一级变量、二级变量及其均值和标准差分析。从均值来看，创业者打分较高的前5项分别是经济目标、工作价值观、竞争压力、贴现倾向和完美主义，并且这5项的标准差较小。这说明，创业者普遍渴望以创业达到致富的目标，相信在未来会取得回报，与此同时，他们感受到社会竞争压力，为此创业者认真对待每项工作，以最完美的态度要求自己做到最好，并且认可社会中普遍倡导的拼搏进取、努力工作的价值观。

表 5–16　自变量列表、均值和标准差

类别	一级变量	二级变量	代码	简明题项	均值	标准差
内在主动性因素	个性特质	成就动机	A1	想要赢得创业挑战	5.81	1.23
		自我效能感	A3	自信能应对所有突发情况	5.16	1.21
		完美主义	A10	对待工作尽善尽美	5.91	1.09
	价值观	工作价值观	A4	认同拼搏进取，努力工作	6.01	1.06
		工作热情	A24	对工作充满热情	5.75	1.15
	健康认知	乐观偏差	A11	疲劳蓄积对健康影响不大	3.98	1.74
		身体健康素养	A12	与健康相比更关心多赚钱	3.64	1.77
		心理健康素养	A13	心理问题不是病，不必就医	2.43	1.67
		规律锻炼行为	A23	有规律锻炼行为	4.61	1.68
外部被动性因素	家庭层面	工作无边界	A18	离开公司仍处理很多工作	5.26	1.57
		家庭支持	A21	家人对创业非常支持	5.29	1.54
	组织层面	经济目标	A2	渴望创业致富	6.09	1.18
		沉没成本	A6	前期投入大，不能轻易放弃	5.75	1.20
	组织层面社会层面	竞争文化	A20	难以接受创业失败	4.25	1.71
		加班文化	A22	常带领员工一起加班	4.81	1.62
		资源条件	A5	能获得较充足的资源	4.68	1.39
		竞争压力	A14	市场竞争激烈，压力大	5.99	1.11
	社会层面	环境压力	A15	环境快速变化，，压力大	5.49	1.23
		风险压力	A16	独自承担经营风险，压力大	5.05	1.48
助推因素	时间偏好	贴现倾向	A7	更关注未来回报	5.95	1.13
		工作时间倾向	A17	同时处理很多棘手事情	5.27	1.32
		工作效率倾向	A19	时间管理能力强、效率高	5.25	1.28
	风险偏好	风险倾向	A8	喜欢追逐高风险高收益	4.42	1.59
	社会偏好	利他倾向	A9	有为社会成员谋利的责任感	5.86	1.14

3. 研究方法说明

本文采用文献中广泛使用的有序Logit（ordered logit）模型进行估计，这是因为本研究的因变量“过劳”程度是有序类别变量，即排序数据（ordered data），该类别变量不属于连续变量，此时OLS回归不再是无偏有效的估计。该模型是Logit模型的扩展，是基于累计分布的Logit模型，假设因变量的赋值为1~J的定序值，那么因变量≤J与>J的累计Logit可以表示为基本的理论模型：

$$l_j(x_j)=log\left[\frac{Pr(y_i\le j|x_i)}{Pr(y_i>j|x_i)}\right]=a_j+X\beta$$

上式中，X表示自变量，β表示与X相对应的系数矩阵，J表示过劳程度的类别集合，α_j表示ologit估计的截距项。

本文主要通过ologit回归对创业者不同“过劳”程度的影响因素及作用效果进行分析，并通过vif命令对回归模型进行多重共线性检验。另外，要明确各显著因素对创业者“过劳”程度的影响作用到底有多大，还需要通过相关的计算得到具体数值。要将各影响因素的作用程度进行比较、计算，必须通过常弹性模型转换成弹性进行分析，即通过STATA 11.0中的mfx命令，求出d(lny)/d(lnx)。其中，y是因变量“过劳”程度；x是回归分析中显著的影响因素。

5.3.2 回归方程的构建

1. 回归方程的建立

根据本研究选取的因变量和自变量的类型，进行了ologit全变量回归，由多响应回归分析结果可知，有效观察量为1079，R2=0.0792，LR chi2(23)= 257.57，P=0.000<0.001，说明该回归方程具有统计学意义。具体结构见表5–17。

表 5–17　全变量 ologit 回归结果

变量类别	一级变量	二级变量	显著性
内在主动性因素	个性特质	成就动机	0.07
		自我效能感	0.01
		完美主义	–0.22***

续　表

变量类别	一级变量	二级变量	显著性
内在主动性因素	健康认知	乐观偏差	–0.12***
		身体健康素养	0.14***
		规律锻炼行为	–0.12***
		心理健康素养	0.04
	价值观	工作价值观	0.02
		工作热情	–0.13**
外部被动性因素	家庭层面	工作无边界	0.10***
		家庭支持	–0.12***
	组织层面	经济目标	0.06
		沉没成本	0.04
		竞争文化	0.06
		加班文化	0.15***
	社会层面	资源条件	–0.12**
		竞争压力	–0.02
		环境压力	0.12**
		风险压力	0.18***
偏好助推因素	时间偏好	贴现倾向	–0.10
		工作时间倾向	0.23***
		工作效率倾向	–0.04
	风险偏好	风险倾向	–0.04
	社会偏好	利他倾向	–0.07
回归结果	cut1 _cons		–1.12**
	cut2 _cons		0.14
	cut3 _cons		1.51***
	N		1079.00

在24个自变量中，有12个自变量为显著性变量，分别是完美主义、乐观偏差、身体健康素养、工作热情、资源条件、环境压力、风险压力、工作无边界、家庭支持、工作时间倾向、加班文化和规律锻炼行为，通过显著因素的系数可知，有6个因素属于缓解过劳的因素，有6个因素属于加重过劳的因素。

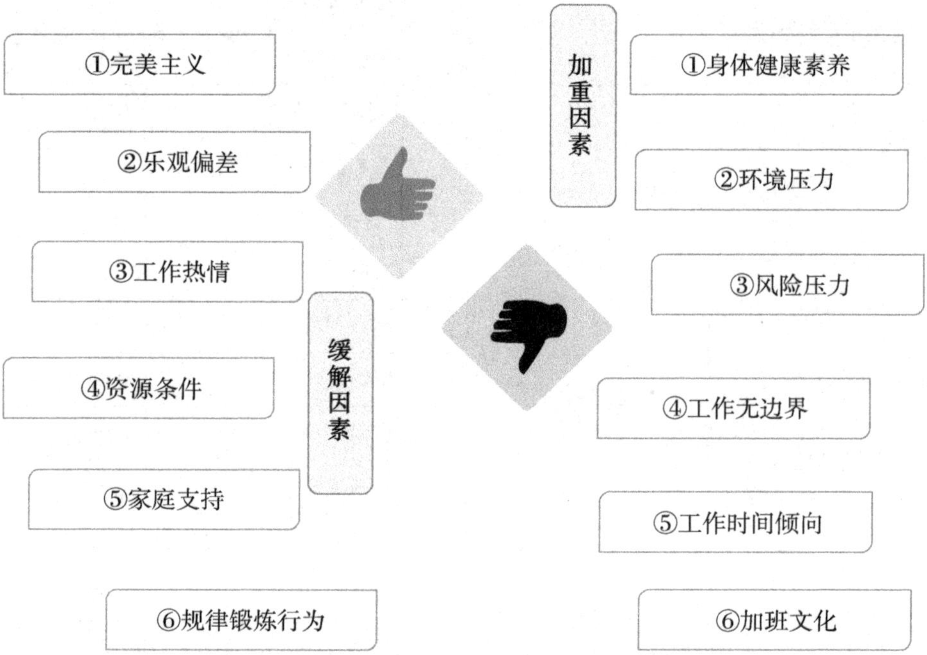

图 5-4　显著影响创业者严重过劳的因素分类

2. 回归方程的调整和最终结果

为了获得更好的拟合效果，需要将不显著的12个变量进行剔除后再进行回归，形成了最终的多重响应回归方程，LR chi2（13）=244.73，Prob>chi2=0.0000，Pseudo R2=0.0752，vif均值等于1.25（小于5），因此变量之间多重共线性问题较小，模型拟合效果良好，见表5-18。

3. 各影响因素的边际效应

以上说明了各显著自变量对创业者“过劳”程度的影响效果，由于ologit回归模型的回归符号不能直接反映自变量对因变量的影响方向，其回归系数也不能直接反映。因此需要通过stata中的mfx命令计算边际效应，即弹性系数计算分析，再根据弹性系数均值绝对值计算所占比例来反映各自变量对因变量的影响程度的真实大小，即贡献大小。具体结果见表5-19。

表 5-18　调整后方程多响应回归分析结果及共线性检验

变量类别	一级变量	二级变量	回归系数	P 值	VIF
主动性因素	个性特质	完美主义	-0.22***	0.000 ***	1.38
	健康认知	乐观偏差	-0.12***	0.001***	1.35
		身体健康素养	0.16***	0.000***	1.34
		规律锻炼行为	-0.12***	0.000***	1.13
	工作价值观	工作热情	-0.12**	0.028**	1.33
被动性因素	社会层面	资源条件	-0.11**	0.015**	1.28
		环境压力	0.13***	0.007***	1.28
		风险压力	0.19***	0.000***	1.23
	家庭层面	工作无边界	0.10**	0.012**	1.22
		家庭支持	-0.12***	0.001***	1.22
	组织层面	加班文化	0.15***	0.000***	1.17
偏好助推	时间偏好	工作时间倾向	0.24***	0.000***	1.20

注：*P<0.1，**P<0.05，*** P<0.01

表 5 19　显著影响因素的具体作用效果

影响效果	变量类别	一级变量	二级变量	弹性系数	贡献大小（%）
缓解“过劳”的因素	主动性因素（35.74%）	个性特质	完美主义	0.032	13.62
		健康认知	规律锻炼行为	0.017	7.66
			乐观偏差	0.018	7.23
		工作价值观	工作热情	0.024	7.23
	被动性因素（14.04%）	社会层面	资源条件	0.017	6.38
		家庭层面	家庭支持	0.015	7.66
加重“过劳”的因素	主动性因素（10.21%）	健康认知	身体健康素养	0.020	10.21

续 表

影响效果	变量类别	一级变量	二级变量	弹性系数	贡献大小（%）
加重“过劳”的因素	被动性因素（35.32%）	社会层面	环境压力	0.028	8.51
			风险压力	0.014	11.91
		家庭层面	工作无边界	0.018	5.96
		组织层面	加班文化	0.021	8.94
	助推因素(4.68%)	时间偏好	工作时间倾向	0.011	4.68

5.3.3 回归方程的结果分析

结合表5–18和表5–19分析可知，被动性因素对加重创业者“过劳”的影响较大，影响程度达到了整体影响效果的35.32%；主动性因素中只有创业者对身体健康素养的认知不足成为加重“过劳”的影响因素。主动性因素则主要为减缓过度劳动风险做出贡献，影响程度达到整体效果的35.74%；而我国目前社会层面为创业者提供的较好的资源条件以及创业者得到的家庭支持等被动性因素也有效地缓解了创业者的“过劳程度”，影响程度达到了整体效果的14.04%。下面将针对第5.1.3节提出的10个研究假设的验证展开具体结果分析。

1.缓解创业者过度劳动的因素

先来看缓解创业者过劳的影响因素，在这6个因素中，有完美主义个性特质、工作热情、健康认知方面的乐观偏差和规律锻炼行为、社会层面的资源条件及家庭层面的家庭支持。

（1）完美主义——回归结果显示：创业者完美主义人格与其过劳之间负相关关系，即这种人格特征并不会增加创业者发生过劳的概率，相反，单就数据而言，完美主义人格评分每增加1个单位，“过劳”评价会减少0.22个单位。说明假设1不成立。回顾第4章分析创业者人格特质与“过劳”的关系时，基于文献支持与理论分析，笔者判断具有完美主义倾向的创业者会在工作过程中为了控制目标成就，自主超时工作，并依据内控性归因，主动承担高强度高负荷工作，导致过劳；忽略了创业者的高成就需求会激发他们对工作的热爱、依恋和渴望，进而调节员工心理、满足基本心理需要、提升工作满意度等，这有助于缓解工作压力，从而缓解“过劳”。

（2）乐观偏差——回归结果显示：创业者的乐观偏差有助于减缓过度劳动发生的概率，创业者越乐观，过劳程度越低，具体而言，乐观偏差每增加1个单位，过劳将缓解0.12个单位。假设2的相关判断成立。如前文分析，创业者启发式决策导致的“认知偏差”及效果推理的“将错就错”使创业者往往以乐观、坚韧的态度面对频繁出现的紧急而繁重的工作任务，客观上的确增加了过度劳动的风险，但主观上的乐观会有助于减缓过度劳动发生的概率和程度。

（3）工作热情——回归结果显示：创业者工作热情越高，过劳程度越低，创业者工作热情每增加1个单位，过劳将缓解0.12个单位，假设3不成立。前文分析认为，创业者的工作热情将引导他对劳动供给与闲暇进行评价，劳动供给总计效用常常不能达到期望的满意结果，促使创业者进一步增加劳动投入来提高总计效用，产生过度劳动风险。笔者忽视了一个问题，创业者勤奋工作不仅可以获得经济收益，还可实现自身价值的心理收益，而心理收益亦可以提高总计效用，因此，反而会减轻创业者心理负荷，从而降低过劳风险。

（4）资源条件——回归结果表明，在创业过程中，创业者能获得的资源与过劳程度成反比，资源条件每增加一个单位，过劳程度将减少0.11个单位。假设4相关判断成立。正如第4章分析，创业者通过获取各种资源，赢得竞争优势，迅速占领市场，形成规模经济，实现创业成功。因此，充足的资源条件能缓解创业者过劳。

（5）家庭支持——回归结果显示，创业者的家人对其工作越支持，他们的过劳程度越低，家庭支持每增加一个单位，过劳程度减少0.12个单位。假设6相关判断成立。家庭对于创业者至关重要，一方面家庭可能是创业者重要的创业动机来源；另一方面，家庭是创业者最重要的资源情感支持和后勤动力保障。能够获得家庭支持的创业者不但可以减轻工作负担，更能缓解心理压力，进而降低“过劳”的概率。

（6）规律锻炼行为——回归结果表明，创业者体育锻炼时间每增加一个单位，过劳程度减少0.12个单位。假设10成立。经常体育锻炼的创业者，一方面反映了他们具有良好的健康素养，更注重劳逸结合；另一方面，锻炼本身就是缓解工作疲劳及压力的有效手段。

2. 致使创业者过劳加重的因素

再来看致使创业者过劳加重的因素，6个显著因素包括创业者认知方面的身体健康素养、工作特征方面的工作时间要求、社会层面的环境压力和风险压力、组织层面的加班文化以及家庭层面的工作无边界等。

（1）身体健康素养——回归结果显示，与健康相比，创业者越关心自己是否能赚更多的钱，过劳程度越严重，创业者身体健康意识每减少1个单位，过劳程度将增加0.16个单位。假设2相关判断成立。创业者在追逐收益机会的同时大大低估了健康资源的价值，只有当其健康因过度的劳动投入而出现损伤甚至不可逆后果时，创业者才会真正将健康资源纳入劳动力供给决策的参考点，而在此之前，创业者对于劳动供给决策的分析与判断往往是不全面和短视的，从而忽视了可持续劳动供给能力的重要性，使得他们更容易陷入过度劳动的风险中。

（2）环境压力——回归结果显示，创业者感知到的技术、市场、制度等外部环境带来的压力越大，过劳程度越高，具体而言，环境压力每增加一个单位，过劳程度增加0.13个单位。假设4相关判断成立。在激烈的竞争环境中，为了超越竞争对手，创业者在劳动投入中参考点不断上调，导致时间、精力、压力竞争性卷入，形成过度劳动风险。

（3）风险压力——同理，与环境压力变量相似，创业者因独自承担企业经营风险而受到的压力越大，过劳程度也越高，从回归结果看，风险压力每增加一个单位，过劳程度增加0.19个单位。假设4相关判断成立。即使创业者感知到了“过劳”的风险，但他们依然更可能将它作为超越其他竞争对手的机会，接受挑战，迎难而上。

（4）工作无边界——回归结果显示，创业者在工作时间外额外投入的工作时间越长，过劳越严重，工作无边界每增加一个单位，过劳程度增加0.10个单位。假设6相关判断成立。依照工作家庭边界理论，创业者的工作需要高度的灵活性和渗透性，促使其角色模糊或无边界。创业者需要不断评估、调整、坚持、升级他在工作中的时间、精力投入水平，一方面努力实现其创业目标；另一方面又必须平衡工作家庭责任，这个冲突与压力不断变化的过程，势必增大了创业者过度劳动的风险。

（5）工作时间倾向——回归结果显示，每增加一个单位，感知的过劳程度增加0.24个单位。假设8成立。创业者在工作过程中会以客户导向为决策核心，快速响应市场变化，为了兼顾多方利益，会常常执行多个任务，并且为员工做好表率，追逐工作效率。这些工作要求与习惯极易为“过劳”埋下伏笔。

（6）加班文化——回归结果显示，以创业者亲率加班为代表的组织加班文化会导致其过劳程度增高，该变量评价每增加一个单位，过劳程度将增加0.15个单位。假设9相关判断成立。有研究发现，不论是自愿加班还是非自愿加班，劳动者的过劳程度无显著差异，即便是创业者可以自主决定工作时间，但并不会因为工作“乐在其中”而使其过劳程度显著降低。

综上，在10个假设中，假设1、假设3不成立，实证结果与假设相反；假设5、假设7及假设9关于社会偏好加重过劳的判定不成立是因为相关影响因素不显著；假设2、假设4、假设6、假设8以及假设9中关于加班文化会加重过劳的判定都成立。

依据表5-19显著影响因素的边际效应的数据分析，在缓解创业者严重过劳的影响因素中，包含个性特质方面的完美主义，创业者认知方面的乐观偏差，工作价值观方面的工作热情，社会层面的资源条件，家庭层面的家庭支持以及体育锻炼。其中，影响最大的就是人格特征的完美主义，其在所有变量作用中占比达到13.62%；排名第二位的因素是家庭支持和规律锻炼行为，占比达到7.66%。致使创业者过劳加重的因素，包含创业者认知方面的身体健康素养、社会层面的环境压力和风险压力、组织层面的加班文化、家庭层面的工作无边界以及时间偏好的工作时间倾向。其中，加重创业者过劳最大的因素为社会层面的风险压力因素，其解释力度达到11.91%；其次为身体健康素养，其解释力度达到了10.21%。综上所述，从整体来看，减缓创业者过劳因素解释力度达到49.78%，加重创业者过劳的因素解释力度占比达到50.21%。

5.4　创业者过度劳动的后果分析：对抑郁的影响

如前文界定：过度劳动是个“过程+结果”的概念，包含了持续超时超负荷工作及疲劳蓄积的过程以及无法通过正常休憩恢复的身心健康受损的结果。因为本研究侧重对创业者过劳的主观选择及决策过程进行了剖析，发现了创业者过劳的主动性与自发性等特点，因此，笔者很希望探究创业者过劳对其心理健康造成的影响，鉴于非心理学专业，因此选择了较为通用的抑郁水平作为结果变量进行考察以在一定程度上满足研究需要。

5.4.1 创业者过劳状况与抑郁水平的描述性分析

为了探究创业者过度劳动状况对抑郁是否产生影响，如果是，影响程度的大小如何。本研究利用宾夕法尼亚大学研制的《伯恩斯心理忧郁量表》（BDC）判断被测者抑郁水平，所有问题用0—3衡量，表示“没有、轻度、中度、严重”。本研究主要考察创业者中重度过劳发生与抑郁水平的关系，下文将运用描述性分析、相关分析和回归分析对二者的关系进行深入研究，见表5-20。

表 5-20 创业者过劳状况与抑郁水平的描述性分析

抑郁表现 / 过劳状况	没有		轻度		中度		重度	
	频率	百分比	频率	百分比	频率	百分比	频率	百分比
悲伤	488	41.39	508	43.09	163	13.83	20	1.70
泄气	371	31.47	512	43.43	239	20.27	57	4.83
缺乏自尊	594	50.38	355	30.11	174	14.76	56	4.75
自卑	504	42.75	393	33.33	210	17.81	72	6.11
内疚	403	34.18	490	41.56	230	19.51	56	4.75
犹豫	212	17.98	549	46.56	309	26.21	109	9.25
焦躁不安	425	36.05	465	39.44	218	18.49	71	6.02
对生活丧失兴趣	746	63.27	260	22.05	136	11.54	37	3.14
丧失动机	622	52.76	380	32.23	134	11.37	43	3.65
自我印象可怜	509	43.17	413	35.03	202	17.13	55	4.66
食欲变化	460	39.02	404	34.27	233	19.76	82	6.96
睡眠变化	343	29.09	475	40.29	274	23.24	87	7.38
丧失性欲	658	55.81	332	28.16	143	12.13	46	3.90

续　表

抑郁表现 / 过劳状况	没有		轻度		中度		重度	
	频率	百分比	频率	百分比	频率	百分比	频率	百分比
臆想症	424	35.96	437	37.07	232	19.68	86	7.29
自杀冲动	949	80.49	123	10.43	84	7.12	23	1.95

从表5-20可以看出，只有一部分被调查者出现了轻度的悲伤、泄气、内疚、犹豫、焦躁不安、睡眠变化和臆想症。此外，本次调研中被调创业者中的35.6%有轻度抑郁，偶尔有抑郁情绪的占比32.6%，没有抑郁症状的创业者仅占比15%，见表5-21。

表 5-21　创业者抑郁水平的描述性分析

	频率	百分比
没有抑郁症	178	15.0
偶尔有抑郁情绪	385	32.6
有轻度抑郁症	420	35.6
有中度抑郁症	164	13.9
有严重抑郁症	32	2.7

5.4.2　创业者中重度过劳与抑郁症水平的相关分析

1. 中重度过劳与抑郁水平的比较

依据过劳程度，将被调查者分为中重度过劳组和非中重度过劳组。研究结果显示，中重度过劳组的抑郁分值明显高于非中重度过劳组，平均值提高了近一倍，差异有统计学意义（$P<0.001$）。见表5-22。

表 5-22　中重度过劳与抑郁水平的比较

组别	人数	抑郁分值
中重度过劳组	608	15.79 ± 7.91
非中重度过劳组	470	8.23 ± 5.93
t 值		−17.93

续 表

组别	人数	抑郁分值
P 值		<0.001

2. 中重度过劳与抑郁等级比较

依据《伯恩斯抑郁状况自查表》测量标准，将被试者评定为重度抑郁、中度抑郁、轻度抑郁、偶有抑郁情绪、不抑郁等五个等级，结果显示，中重度过劳组的重度抑郁、中度抑郁、轻度抑郁的检出率均高于非中重度过劳组，而偶有抑郁情绪与不抑郁的检出率明显低于非中重度过劳组。见表5-23。

表 5-23　中重度过劳与抑郁等级的比较 [n(%)]

组别	人数	重度抑郁	中度抑郁	轻度抑郁	偶有抑郁情绪	不抑郁
中重度过劳组	608	28(4.6)	135(22.2)	267(43.9)	149(24.5)	29(4.8)
非中重度过劳组	470	2(0.4)	16(3.4)	109(23.2)	213(45.3)	130(27.7)
χ^2 值		17.12	77.78	50.12	51.48	110.46
P 值		<0.001	<0.001	<0.001	<0.001	<0.001

3. 中重度过劳与抑郁水平的关系

被调查创业者抑郁评分与过度劳动两个维度，即疲劳自觉与工作负担的得分之间存在正相关，且差异有统计学意义（$P<0.001$），见表5-24。

表 5-24　中重度过劳与抑郁水平的相关分析 (r)

变量	抑郁水平	疲劳自觉	工作负担
抑郁水平	1		
疲劳自觉	0.67**	1	
工作负担	0.38**	0.44**	1

注：** P <0.001

5.4.3　创业者中重度过劳与抑郁症水平的回归分析

为更深入了解抑郁水平与过度劳动之间的关系，以抑郁水平得分作为因变量，以过度劳动的两个维度得分为自变量进行逐步回归分析，结果见表5-25。

表 5-25　中重度过劳与抑郁水平的回归分析

因变量	自变量	R2 值	F 值	β 值	t 值
抑郁水平	工作负担	0.45	457.85	0.1	3.96**
	疲劳自觉			0.63	25.25**

注：** P <0.001

本研究发现，中重度过劳组创业者的抑郁发生率明显高于非中重度过劳组，表明过度劳动对创业者的身体、情绪、思维、意识均产生了影响，过重的生理负荷和心理压力增加了抑郁风险。研究发现，中重度过劳组的中重度抑郁发生率高于非中重度过劳组，而不抑郁率低于非中重度过劳组，差异有统计学意义，表明中重度过劳会导致创业者的角色过载、压力过大、工作家庭冲突进而引发心理抑郁。相关分析得出，创业者过度劳动两个维度（工作负担和疲劳自觉）得分与抑郁水平存在正相关，过度劳动得分越高，抑郁水平评分越高。多元回归分析得出，中重度过劳是影响创业者抑郁水平的因素，可以解释抑郁水平总变异的45.0%，表明中重度过劳可以作为创业者抑郁水平的预测因素，原因可能与创业者超时超负荷工作，导致工作压力过大、睡眠不足、长期疲劳蓄积，无法及时修复从而引发心理负面情绪直至抑郁状况发生。因此，创业者应提升自身健康素养，注重劳逸结合，维护工作家庭平衡，规律健身锻炼，避免因过度劳动引发抑郁。

5.5　本章小结

本章针对我国创业者过度劳动的现状和成因进行了问卷调查，共获得有效问卷1078份，样本覆盖全国22个省、4个直辖市、3个自治区，各地区样本分布比例与2019年中国区域创新创业指数显示的我国新创企业分布比例相当，问卷具有一定的代表性。调研结果在一定程度上反映了我国创业者过度劳动的基本状况，通过相关分析得出基于个人基本情况和创业情况的创业者过劳分布特征，最后，通过构建回归方程检验创业者过劳成因的研究理论假设。具体来说，主要有以下几点结论：

1. 我国创业者“过劳”得分样本均值为3.67分，超越了轻度过劳标准，即将达到中度过劳标准，创业者“过劳”内部差异比较大，中重度过劳占比较高，达到样本总量的55.64%，同时有21.2%被调查创业者不过劳，其余23.16%的被调查创业者处于轻度过劳状态。基于疲劳自觉维度，有60.6%的创业者处于中度和重度疲劳自觉水平，分别占比44.7%和15.9%。从工作负担维度来看，C等和D等的人数占到了70.2%。这与创业者自觉疲劳状况相差大约10%。

2.基于创业者个人情况及创业情况，并把研究焦点聚焦于处于中重度过劳状况的创业者，发现，创业者中重度过劳发生在性别、家庭支持、家庭生活支出收入比、通勤时间、盈利状况、创业发展阶段和人员规模等方面的差异具有统计学意义。样本总的中重度过劳发生率为56.4%，男性的发生率低于女性（53.8% vs 63.3%）；家庭不支持的发生率高于家庭支持的创业者（68.8% vs 54.5%）；通勤时间1小时以上的发生率高于1小时以内的（62.0% vs 50.3%）；不同盈利状况之间，随着创业者盈利减少、持平到亏损，中重度过劳发生率提高；不同创业发展阶段和不同人员规模的创业者中重度过劳发生率明显有差异，转型期阶段的创业者，比率高达70.6%，成熟期阶段的创业者发生中重度过劳的比率只有39.6%；人员规模与创业者中重度过劳发生率之间并非简单线性关系，企业规模在51~100人的创业者最容易发生中重度过劳，比率为60.4%。

3.基于行为经济学前景理论的创业者“过劳”形成机制的分析框架，运用ologit模型对全国1079名创业者的劳动与工作健康情况的调查数据进行回归分析，得出以下结论：首先，创业者“过劳”程度的加重主要源于外部被动性因素的影响，包括同时处理多任务的工作时间倾向、来自社会层面的环境压力、风险压力、来自组织层面的加班文化以及由于工作无边界导致的工作家庭冲突等，影响程度达到整体影响效果的35.32%，其次是创业者身体健康素养不足；而创业者内在的主动性因素在很大程度上缓解了他们的“过劳”程度，包括追求完美主义的个性特质、饱满的工作热情、对健康的乐观心态以及规律性锻炼行为，影响程度达到了整体效果的35.74%，而我国目前社会层面为创业者提供的较好的资源条件以及创业者得到的家庭支持等被动性因素也有效缓解了创业者的“过劳程度”，影响程度达到了整体效果的14.04%。

4.创业者过劳程度与抑郁水平成正相关，两个维度的相关系数（r）分别为0.67和0.38，回归的决定系数R^2为0.45。中重度过劳的创业者抑郁发生率较高。

第6章

基于创业者过度劳动问题的思考与建议

本书第3章对创业者劳动供给决策过程进行了经济学分析，运用前景理论及方法推演出创业者过度劳动的5个阶段，且每个阶段在自主反射性与主动被动性两个维度上都各不相同，创业者在每个节点都可能选择坚持或者放弃超时超负荷工作，坚持意味着工作负担加重，疲劳进一步蓄积，过劳及其身心受损的风险逐步增加；放弃则意味着有机会审视过劳可能带来的损失，尝试树立健康跨期决策意识，更为理性地进行劳动供给决策。但从第4章创业者过度劳动行为的形成机制分析及第5章实证研究的结论来看，创业者的过度劳动主要因外部被动性因素驱动而风险加重，此类变量的影响作用占到所有显著变量总作用的40.42%。基于以上发现，笔者展开了关于健康跨期决策与过度劳动类型的思考，并希望有针对性地对缓解创业者过度劳动问题提出切实可行的建议。

6.1 基于创业者过度劳动问题的思考

6.1.1 过度劳动与健康的跨期决策

从经济学视角出发，笔者认为，过度劳动是指劳动者提供的劳动量超过了个体可持续劳动的能力边界，它是个“过程+结果”的概念，包含了持续超时超负荷工作及疲劳蓄积的过程和无法通过正常休憩恢复的身心健康受损的结果。也就是说，劳动供给的决策不但面临既定时间资源的限制，还需在生命周期背景下考虑工作时间与健康的关系。基于前文对创业者过度劳动演进过程的经济学分析，笔者尝试从健康的跨期决策视角思考过度劳动问题。

短期内，劳动者进行劳动供给决策时，对劳动收入的价值评估符合前景理论的价值曲线，见图6-1虚线，而对健康的价值评估在获得域基本为定值，在损失域则比劳动收入损失下降得更快，见图6-1实线。原因是，基于时间折扣的跨期决策模型并不能很好地描述个体对健康结果的时间偏好，已有研究发现部分个体的时间折扣率小于 0.00，且较之于初始延迟的健康结果，个体对进一步延迟的健康结果折扣低，另外，在损失领域中，大健康结果的时间折扣率更高，而小健康结果的折扣率偏低（吴小菊等，2020）。以上研究结论有助于理解健康价值评估在创业者过度劳动的各个阶段是如何影响其劳动供给决策的。在初始和发展阶段，疲劳蓄积能通过休息得以恢复，并不能影响他们对健康负面结果的主观评价，因此不会将健康的效用计入劳动供给的跨期决策中。当过度劳动进入形成阶段，创业者感受到疲劳蓄积无法通过休息得以恢复，但此时的亚健康状态属于小健康结果，折扣率偏低，因此创业者更可能为了预期时间折扣率更高的劳动收入而忽略对健康损耗的关注。直到过度劳动恶化阶段，出现实质上的身心健康受损的结果，也就是大健康结果，创业者对健康价值评估的时间折扣率才会达到较高的水平，进而影响其劳动供给决策的结果。长期劳动供给决策须考虑生命周期影响，随着年龄增长，人们对于健康价值的评估提升，表现为劳动供给决策中会越来越关注健康跨期决策问题。当然，以上思考仅是基于现有研究的逻辑演绎，希望对今后的研究有所启示。

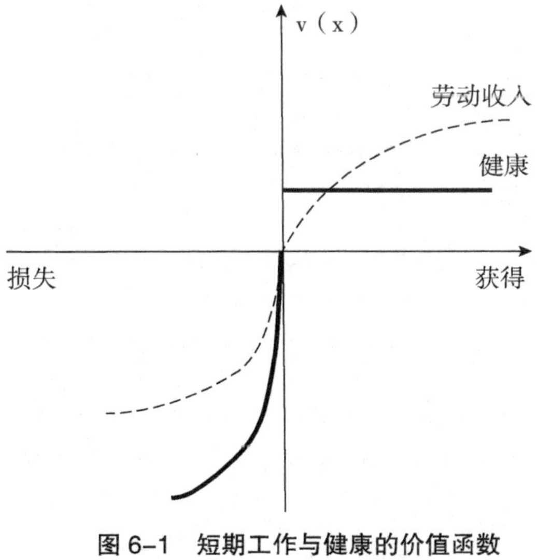

图 6-1　短期工作与健康的价值函数

6.1.2 过度劳动的成因分类与创业者的选择

王欣（2016）按照劳动者是否自愿选择超时超负荷工作，将过度劳动分为“自发性”和“强制自发性”，二者的区别在于“强制自发性”员工虽然看似主动工作，但很难享受到工作的乐趣，容易为工作所累，而“自发性”员工是出于对工作的热爱而自愿主动工作，可以从工作中获得满足感和价值感，他们对工作投入的内驱力几乎不会受到工作、组织等外力的影响。本研究通过前文的理论及实证分析发现，创业者的情况似乎更为复杂一些，因此，笔者尝试，一方面从自发反射性和主动被迫性两个维度来理解过度劳动的成因（见图6-2）。评估过程侧重偏好确定收益，表现为自发性选择，侧重避免接受确定损失，表现为反射性选择；另一方面，面对客观低概率的收益或高概率的损失时，决策者追逐风险，表现为主动选择，而面对客观高概率的收益或低概率损失时，决策者风险厌恶，表现为被迫选择。

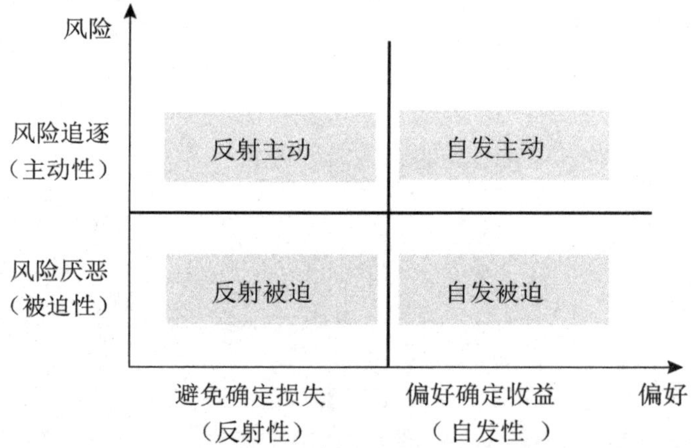

图 6-2 过度劳动的成因分类

从创业者过度劳动的演进路径看，初始于自发主动，反射被迫性发展，反射主动性形成，由于自发被迫而恶化，这个理论分析的结论在经验推演和实证研究部分也得到了基本印证。从某种意义上，创业者从选择创业开始，就像穿上了红舞鞋，跳舞不能停下来，因为在信息爆炸的时代，创业者只能不断创新、不停往前走。因此，创业者过度劳动首先表现为避免损失的反射性特征和风险追逐的主动性特征，其次表现为追逐收益的自发性特征和风险厌恶的被动性特征。

6.2 缓解创业者过度劳动问题的建议

当前在我国“大众创业、万众创新”与“健康中国”的两大背景下，对于创业者劳动健康的关注是十分必要的。基于前文研究所得到的创业者过度劳动的经济学分析框架、形成机制模型及影响因素的实证分析结果，笔者尝试从个体层面、组织层面和国家层面为缓解创业者过度劳动问题提出如下针对性建议。

6.2.1 个体层面

第一，创业者须提升自我健康素养，尤其是加强对劳动健康的认知，可运用本研究构建的创业者过劳分析框架及形成机制模型复盘自己的劳动供给决策过程，判断其是否过劳以及过劳的现状与阶段，更理性判断过劳的特点、程度以及成因，并根据人类行为决策的特点，从动机、目标、偏好多个视角反思自我劳动供给决策的科学合理性。

第二，创业者应当避免因自身人格特质、认知偏差、工作价值观等误入“过度劳动”迷局。虽然本研究发现完美主义、乐观偏差和工作热情等因素可以缓解过劳，但如果这些内部因素因其他外部原因导致变得消极、不可控，“过劳”风险将随之上升。繁重工作投资(Heavy Work Investment，HWI)中性情型HWI的子类型“工作狂”与“工作投入”的差异就在于内因在控制性上的差异。

第三，创业者应积极关注自我的工作状态及生活质量，有意识地改善工作对家庭及生活的侵入。依据之前的实证分析结果，工作时间倾向、工作无边界会加重创业者过劳，因此，当面对限时多任务、快节奏安排时，创业者应通过刻意的时间管控及心理建设，预防身心在创业高强度超负荷的工作中受损，积极推动工作生活相互促进，提升生活品质，增加家庭时间的利用价值，争取更多的家庭支持，因为实证发现，家庭支持对缓解过劳具有积极的作用。

第四，创业者应当努力加强体育锻炼。员工主动参与体育锻炼的时间对“过劳”程度有减缓作用。健身锻炼能够减少不同职业人群压力，增强心理健康。因此，从工作负担和疲劳自觉两个视角出发，规律的体育锻炼都可以帮助创业者更快地修复身心疲劳。

6.2.2 组织层面

第一，创业者在组织工作安排中应更关注效率与目标，而非时间与业绩。创业者的工作价值观与管理理念会形成其创业组织的企业文化与管控风格，继而影响整个组织对于劳动健康、管理效率、企业绩效的考核、评价与监督。传统的人力资源管理强调绩效管控，经典的绩效工具都是以员工的业绩衡量为核心的，业绩导向有助于明晰任务要求，但在劳动时间投入方面会导致员工被动管控，对准时性、时间表和最后期限过分强调。管理实践领域出现的目标与关键成果法（Objectives and Key Results，OKR）强调员工以目标为导向设定具体预期目标，自主安排工作任务及时间投入，侧重目标实现而非过程监控。可见，人力资源管理实践也越来越关注提升员工的自主性、效率与目标。基于本研究实证发现，创业者工作时间倾向对其过劳有负面影响，因此，创业者必须对过度劳动的前因后果有较为深刻的认识和了解，才能为组织内部管控做出科学合理的领导决策。

第二，创业者应避免被“赢者通吃”氛围内卷，减少持续超长加班时间。研究发现，新经济条件下，产品市场正逐步变为“赢者通吃”的竞争态势（刘亮，2008）。结果是，创业者作为新入市场的竞争者，被内卷入这种系统中，只能通过不断地投入时间精力，比如以身作则，亲自率领组织成员加班，以尽快获得一定垄断利润，取得竞争优势，基于本研究实证发现，创业者亲率加班行为对其过劳有负面影响：一方面直接导致了自身疲劳蓄积过度；另一方面所营造的加班文化会进一步增加过劳风险。

第三，创业者应根据创业状况调整工作时间决策，保障人力资本的可持续发展。创业者的健康关乎创业组织的生存与发展。本研究实证发现，不同盈利状况之间、不同创业发展阶段和不同人员规模的创业者过劳状况有明显差异，处于亏损状态、转型期及人员规模在51~100人的创业者最容易发生过劳。因此，创业者可结合实证分析的结果对自身所处过劳状态及阶段进行评估，防范高风险情境的影响，合理规划工作安排，避免过度劳动引发不良后果。

6.2.3　国家层面

第一，应提升全民健康素养。2016年，政府在《“健康中国2030”规划纲要》中提出健康中国战略。该纲要明确：健康是促进人的全面发展的必然要求，是经济社会发展的基础条件。可见，经济社会快速发展的同时，健康领域的发展必须与之协调同步，国家须从战略层面统筹布局，长远规划，才能从根本上实现社会整体的健康可持续发展。本研究也证实，健康素养较低的创业者过劳程度明显提高。因此，如纲要指导，在整个国家形成热爱健康、追求健康、促进健康的社会氛围，创业者更应强化自身健康管理责任，积极学习和掌握健康知识技能，并在工作生活实践中养成自律良好的健康行为习惯，从而降低过劳风险。

第二，逐步构建和深化创新创业大局，加强对创新创业的引导和扶持力度。本研究发现，创新创业指数越低的区域创业者过劳均值越高。也就是说，经济区域的创新创业总体水平和发展状况越好，整体经济、政策环境越好，创业者可获得支持越多，感受到的不确定性风险越小，创业者越不容易过劳。这与实证分析关于充足的资源条件可有效缓解创业者过劳的结果是一致的。因此，政府应增加对本区域创新的投入、关注产出结果、加强对创新创业的引导和扶持力度，提升区域的创新创业活跃度。

6.3　本章小结

本章在对前文分析简要概括的基础上提出对健康跨期决策与过度劳动类型的思考。笔者认为，劳动供给的决策不但面临既定时间资源的限制，还需在生命周期背景下考虑工作时间与健康的关系。创业者过度劳动首先表现为避免损失的反射性特征和风险追逐的主动性特征，其次表现为追逐收益的自发性特征和风险厌恶的被动性特征。最后，基于前文的理论研究和实证分析结果，笔者从个体层面、组织层面和国家层面为缓解创业者过度劳动问题提出针对性建议。

第 7 章

研究结论与展望

本研究选择创业者过度劳动问题作为核心主题，将行为经济学的理论、方法引入劳动经济学，与劳动经济学配合，运用前景理论、行为决定模型等对创业者过度劳动的决策过程及形成机制进行了剖析和解读，构建了具有一定跨学科特点的理论分析框架，从内在动机诱因、外部目标驱动、偏好助推机制三个方面分别阐述创业者过度劳动的影响因素，并在此基础上，通过实证调研的数据分析，对我国创业者过度劳动的状况、特征、影响因素等进行进一步的研究、探索与验证。

7.1 研究结论

7.1.1 创业者过度劳动的理论分析框架

第一，创业者劳动供给决策过程并非完全理性，而且在跨期选择中的偏好并非完备一致的，存在参考点、损失厌恶及决策加权三个决策要素，鉴于过度劳动是个“过程+结果”的概念，实际的劳动供给决策过程是由创业者在各个阶段根据参考点对“坚持”与“放弃”两个策略的收益与损失的效用价值进行分析，编辑与评估前景，并遵循最满意结果原则选择是否追加更多的劳动时间投入。

第二，可以从自发性与反射性、主动性与被迫性两个维度来理解创业者过度劳动不同阶段的劳动供给决策特点。根据对前景评估过程侧重偏好确定收益还是侧重避免接受确定损失，创业者劳动供给决策分为自发性选择和反射性选择；根据风险追逐还是风险厌恶，创业者劳动供给决策分为主动选择和被迫选择。I过劳初始阶段，主动且自发性选择超时工作；II过劳发展阶段，被迫且反射性选择持续超时工作；III过劳形成阶段，主动且反射性选择坚持超时工作；IV过劳恶化阶段，被迫且自发性选择继续工作。V过劳终极后果过劳死。

第三，创业者过度劳动的演进过程实际蕴含了一个不断升级的过程，并且是各个阶段决策的叠加过程。基于对过度劳动内涵的理解，将过度劳动的演化过程分为5个阶段：Ⅰ初始阶段：超时工作；Ⅱ发展阶段：持续超时超负荷工作；Ⅲ形成阶段：疲劳蓄积至正常休憩无法恢复；Ⅳ恶化阶段：过劳伤病；Ⅴ终极后果：过劳死。

7.1.2　创业者过度劳动形成机制模型

创业者过度劳动形成机制模型包含了内在主动性、外部被动性及偏好助推机制三个角度。

第一，内在主动性因素包括个性特质、健康认知和工作价值观三个方面。创业者的自主性与内控性人格使他们为了控制目标成就，自主超时工作，主动承担高强度高负荷工作；高成就需要的创业者具有很高的工作热情，而强迫性工作热情就会导致工作沉迷；自我效能感高且勇于创新和冒险的创业者在面对工作压力时更加坚持、积极，愿意放手一搏，增加了过度劳动的风险。创业者启发式决策导致的“认知偏差”及效果推理的“将错就错”使创业者往往以乐观、坚韧的态度面对频繁出现的紧急而繁重的工作任务，客观上的确增加了过度劳动的风险。创业者劳动供给决策禀赋效应使其在追逐收益机会的同时大大低估了健康资源的价值，从而做出超量劳动投入的决策。创业者的工作价值观引导他对劳动供给与闲暇进行评价，而决策结果的劳动供给总计效用常常不能达到期望的满意结果，促使创业者逐步增加劳动投入来提高总计效用，产生过度劳动风险。

第二，外部被动性因素包括社会、组织、家庭三个层面。创业者必须深谙政府制定的宏观政策，并与消费者和投资方进行信号传递博弈，超越其他竞争对手进而形成绝对的竞争优势，而这必将伴随着创业者在劳动投入中参考点不断上调，时间、精力、压力的竞争性卷入，从而形成过度劳动的风险。创业者每一次面临“坚持还是放弃”的决策过程都会受到初始目标、代理决策、社会规范、进展程度、经营状况、决策风险、从众心理、个性特征等诸多因素影响，随着金钱、时间和努力投入的增加，沉没成本效应将影响创业者决策的目标和评估机制，从而形成自我及对团队成员的承诺升级，驱动他们不断追加投入资金、延长劳动时间，提高努力程度，从而引发过度劳动风险，而不断加深的沉没成本效应又会导致创业者过度劳动风险进入不良循环中。基于积累家庭财富动机的目标导向行为和基于工作家庭边界的角色冲突使得创业者需要不断评估、调整、坚持、升级他在工作中的时间、精力投入水平，一方面努力实现其创业目标；另一方面又必须平衡工作家庭责任，这个冲突与压力不断变化的过程，势必增大了创业者过度劳动的风险。

第三，偏好助推机制包括风险偏好、时间偏好和社会偏好三个方面。创业者在风险感知层面表现为对超时超负荷工作收益的过度自信，而对于可能造成的身心损伤则存在相信小数定律的认知偏差；在风险倾向层面，创业者更可能将过度劳动作为超越其他竞争对手的机会，接受挑战，迎难而上；在外部环境层面，不断完善的创业政策、制度及帮扶体系可能促使创业者更为激进和冒险，选择坚持超时超负荷工作，从而加重了过度劳动的风险。“符号效应”“量值效应”和“框架效应”，这些效应在创业者进行劳动供给决策时也会产生助推机制，从而使他们在超时超负荷工作感到疲惫的时候，还愿意坚持更久，从而造成过度劳动的风险。创业者进行劳动供给决策时，在各种社会偏好推动下，突破自利原则，将他人的利益转化为自身效用，并在实现过程互惠及结果平等的努力中形成对超时超负荷工作的自我认同，从而增加了过度劳动的风险。

7.1.3 创业者过度劳动影响因素的实证分析结果

第一，我国创业者“过劳”得分样本均值为3.67分，超越了轻度过劳标准，即将达到中度过劳标准，创业者“过劳”内部差异比较大，中重度过劳占比较高，达到样本总总量的55.64%，同时有21.2%被调查创业者不过劳，其余23.16%的被调查创业者处于轻度过劳状态。基于疲劳自觉维度，有60.6%的创业者处于中度和重度疲劳自觉水平，分别占比44.7%和15.9%。从工作负担维度来看，C等和D等的人数占到了70.2%。这与创业者自觉疲劳状况相差大约10%。

第二，基于创业者个人情况及创业情况，并把研究焦点聚焦于处于中重度过劳状况的创业者，发现，创业者中重度过劳发生在性别、家庭支持、家庭生活支出收入比、通勤时间、盈利状况、创业发展阶段和人员规模等方面的差异具有统计学意义。

第三，完美主义、乐观偏差、工作热情、资源条件、家庭支持、规律锻炼行为6个因素属于缓解过劳的因素，身体健康素养、环境压力、风险压力、工作无边界、工作时间倾向、加班文化6个因素属于加重过劳的因素。外部被动性因素对加重过度劳动风险的影响较大，包括社会层面的环境压力和风险压力和家庭层面的工作无边界，解释力度达到了35.32%；而内部主动性因素则主要为减缓过度劳动风险做出贡献，包括人格特质方面的完美主义、认知方面的乐观偏差、身体健康素养以及工作价值观方面的工作热情，解释力度为35.74%。

第四，创业者过劳程度与抑郁水平成正相关，两个维度的相关系数（r）分别为0.67和0.38，回归的决定系数R^2为0.45。中重度过劳的创业者抑郁发生率较高。

7.2　研究局限与展望

本文在劳动经济学的分析框架中，引入了前景理论、行为决定模型等构建了创业者过度劳动问题分析的一个新框架，在理论和实证上对创业者过度劳动的决策过程及形成机制进行了深度的剖析和解读，具有一定跨学科特点，对已有文献进行补充的同时也为创业者过劳的防控实践提出了具体建议。但受限于个人的认知水平、理论功底及科研能力，本研究还存在一些局限，以期未来能有更深入和全面的提升。

1. 理论分析框架的符实性与解释力亟待提升和验证

本研究将行为经济学的理论、方法引入经济学，与劳动经济学配合，构建了一个行为劳动经济学的理论体系和分析框架来解析创业者过度劳动的决策过程。该模型具备了一定的一般性、易处理性和简约性，但符实性与解释力有待提升和验证。因为，劳动供给决策简化为创业者对超时工作的选择与放弃，没有考虑生活时间（休闲时间、家务时间、睡眠时间）对创业者过度劳动的影响；创业者过劳阶段和类型的区分是建立在理论分析和逻辑推理的基础上，实证支持不足。期望未来研究可以设计相关量表，对过劳阶段和类型进行定量区分，并进行令人信服的实证检验。

2. 基于多种理论构建的创业者过劳形成机制模型的融合度亟待改进

本研究构建的创业者过度劳动形成机制模型包含了内在主动性、外部被动性及偏好助推机制三个角度，是基于多种理论构建的，比如劳动供给偏好理论、竞争优势理论、工作家庭边界理论、时间偏好不一致理论等，体现了多学科与劳动经济学融合的特点，但在运用学科交叉、依存、配合来共同解释、分析、处理问题方面，本研究存在一些不足。期望未来的研究能真正实现对过度劳动的问题的跨学科跨领域研究，以提升过度劳动理论的系统性、全面性和符实性。

3. 实证研究存在一定的局限性，计量分析的可靠性等仍有提升空间

首先是数据问题，由于客观条件的限制，本文仅在个人能力范围内力求最大程度的广泛收集问卷，但数据质量有待提升；其次，本文采取截面数据，不能动态地反映创业者过劳的变化情况；再次，问卷变量均为创业者自我报告，可能存在自我本位偏见，造成一定的偏差；最后，测量量表采取的是日本成熟量表，虽然在一定程度上保证了测量的信度，但问卷本身的本土适应性以及群体适应性可能存在一定的缺陷。

综上所述，本文的实证研究在问卷信效度、量表适应性、数据质量和分析技术等方面仍有提升空间。

附　录

创业者劳动和工作健康调查问卷

尊敬的创业者：您好！

本问卷旨在了解我国创业者群体劳动和工作健康状况，您的回答将会绝对保密，只用于研究。回答问卷大概需要5分钟，所有问题没有对错之分，请您如实填写，对您的参与不胜感激！

创业者劳动与工作健康研究课题组

第一部分　个性特征与工作感受

	内容描述	非常不符合 -- 非常符合
A1	创业具有挑战性，我想要赢得挑战	1--2--3--4--5--6--7
A2	我渴望创业致富	1--2--3--4--5--6--7
A3	我自信能有效地应付任何突如其来的事情	1--2--3--4--5--6--7
A4	我认可社会中普遍倡导的拼搏进取、努力工作的价值观	1--2--3--4--5--6--7
A5	在创业过程中我能获得比较充足的资源	1--2--3--4--5--6--7
A6	创业前期投入大，不能轻易放弃	1--2--3--4--5--6--7
A7	相对于眼前的辛苦和付出，我更关注未来的回报	1--2--3--4--5--6--7
A8	我喜欢追逐风险以获取更大利益	1--2--3--4--5--6--7
A9	基于对员工、股东等负责任，我必须努力维持企业的经营发展	1--2--3--4--5--6--7

续　表

	内容描述	非常不符合 -- 非常符合
A10	对待每项工作我都希望尽善尽美做到最好	1--2--3--4--5--6--7
A11	超强度工作后稍事休息疲劳就能缓解，不会造成我的健康损坏	1--2--3--4--5--6--7
A12	与健康相比，我更关心自己是否能赚更多的钱	1--2--3--4--5--6--7
A13	心理问题不算病，没必要去看医生	1--2--3--4--5--6--7
A14	我感到社会竞争越来越激烈，不努力就会被淘汰	1--2--3--4--5--6--7
A15	技术、市场、制度等外部环境的快速变化带给我很大压力	1--2--3--4--5--6--7
A16	我常常因独自承担企业经营风险感到很大压力	1--2--3--4--5--6--7
A17	我常常需要同时处理很多棘手的事情	1--2--3--4--5--6--7
A18	即使离开公司，我也常常在思索公司经营发展的规划	1--2--3--4--5--6--7
A19	我的时间管理能力很强，工作效率高	1--2--3--4--5--6--7
A20	我难以接受创业失败	1--2--3--4--5--6--7
A21	我的家人对我创业非常支持	1--2--3--4--5--6--7
A22	我常常带领公司员工一起加班	1--2--3--4--5--6--7
A23	我经常参加体育锻炼	1--2--3--4--5--6--7
A24	虽然感觉工作很累，但对创业的追求和热情让我仍然不想放松	1--2--3--4--5--6--7

第二部分　外部环境与工作状态

B1. 您平均每周工作（　）天，每天工作（　）小时。

B2. 按24小时记时制，您每天大概（　）点入睡，平均睡眠时间为（　）小时？

B3. 您认为您的企业处在哪个发展阶段？

A. 初创期　B. 成长期　C. 成熟期　D. 转型期　E. 衰退期

B4. 您企业当前盈利状况如何？

A. 良好　B. 微利　C. 盈亏持平　D. 亏损

B5. 您是否因为工作过于疲劳，在工作中出过比较大的决策或管理失误：

A.经常有　　B.偶尔有　　C.从未有过

B6. 您的家庭关系是否受到您经常加班和疲劳的影响？

A.基本没影响　　B.有少许影响

C.有影响但还在可控范围内　　D.影响比较大　　E.影响非常大

B7. 整体而言，创业是否让您觉得快乐？（1–10分打分，10分最快乐）

第三部分　疲劳蓄积状况

C1. 请您根据最近1个月的自我感觉，选择最符合的答案

1. 急躁、烦躁、悲观，不能控制自己的情绪	1. 几乎没有	2. 有时有	3. 经常有
2. 思考问题时思路不清晰	1. 几乎没有	2. 有时有	3. 经常有
3. 静不下心，对事情放不下心	1. 几乎没有	2. 有时有	3. 经常有
4. 记忆力减退，开始忘记熟人的名字	1. 几乎没有	2. 有时有	3. 经常有
5. 睡眠质量低，失眠多梦，睡起后不解乏	1. 几乎没有	2. 有时有	3. 经常有
6. 身体状况不好，但医学检查无异常	1. 几乎没有	2. 有时有	3. 经常有
7. 不能集中精神，厌于思考问题	1. 几乎没有	2. 有时有	3. 经常有
8. 做事经常出错，反应变慢	1. 几乎没有	2. 有时有	3. 经常有
9. 工作中，感到强烈的睡意	1. 几乎没有	2. 有时有	3. 经常有
10. 没有干劲，做事不积极	1. 几乎没有	2. 有时有	3. 经常有
11. 感到疲惫不堪（运动后）	1. 几乎没有	2. 有时有	3. 经常有
12. 早晨起床时感到精疲力竭	1. 几乎没有	2. 有时有	3. 经常有
13. 与以前相比，容易疲劳	1. 几乎没有	2. 有时有	3. 经常有

C2. 请您根据最近1个月的工作情况，选择最符合的答案

1. 一个月内的“八小时”之外的工作时间	1. 没有或适当	2. 多	3. 非常多
2. 不规律的工作（预定的工作变更、突发性的工作）	2. 少	2. 多	3. 非常多
3. 出差造成的负担（频率、时间约束、时差等）	1. 没有或很小	2. 大	3. 非常多

续 表

4. 深夜工作造成的负担（晚 10 点至早 5 点的工作，从频率、时间长短等方面进行综合判断）	1. 没有或很小	2. 大	3. 非常大
5. 休息、小睡的时间数以及设施	1. 适当	2. 不适当	3. 没有
6. 工作带来的精神负担、精神压力	1. 小	2. 大	3. 非常大
7. 工作带来的身体负担、感觉身体累、缓不过来	1. 小	2. 大	3. 非常大

C3. 您有没有出现如下状况，选出最符合的答案

1. 悲伤：你是否一直感到伤心或悲哀	A. 没有 B. 轻度 C. 中度 D. 严重
2. 泄气：你是否感到前景渺茫	A. 没有 B. 轻度 C. 中度 D. 严重
3. 缺乏自尊：你是否觉得自己没有价值或自以为是一个失败者	A. 没有 B. 轻度 C. 中度 D. 严重
4. 自卑：你是否觉得力不从心或自叹比不上别人	A. 没有 B. 轻度 C. 中度 D. 严重
5. 内疚：你是否对任何事都自责	A. 没有 B. 轻度 C. 中度 D. 严重
6. 犹豫：你是否在做决定时犹豫不决	A. 没有 B. 轻度 C. 中度 D. 严重
7. 焦躁不安：这段时间你是否一直处于愤怒和不满状态	A. 没有 B. 轻度 C. 中度 D. 严重
8. 对生活丧失兴趣：你对事业家庭、爱好或朋友是否丧失了兴趣	A. 没有 B. 轻度 C. 中度 D. 严重
9. 丧失动机：你是否感到一蹶不振，做事情毫无动力	A. 没有 B. 轻度 C. 中度 D. 严重
10. 自我印象可怜：你是否以为自己已衰老或失去魅力	A. 没有 B. 轻度 C. 中度 D. 严重
11. 食欲变化：你是否感到食欲不振或情不自禁地暴饮暴食	A. 没有 B. 轻度 C. 中度 D. 严重
12. 睡眠变化：你是否患有失眠症或整天感到体力不支、昏昏欲睡	A. 没有 B. 轻度 C. 中度 D. 严重
13. 丧失性欲：你是否丧失了对性的兴趣	A. 没有 B. 轻度 C. 中度 D. 严重
14. 臆想症：你是否经常担心自己的健康	A. 没有 B. 轻度 C. 中度 D. 严重
15. 自杀冲动：你是否认为生存没有价值，或生不如死	A. 没有 B. 轻度 C. 中度 D. 严重

第四部分　基本信息

D1. 您的性别：A.男　　B.女

D2. 您的年龄：A.24岁及以下　　B.25~35岁

C.36~45岁　　D.46~55岁　　E.56岁及以上

D3. 您的婚姻状况：A.有配偶　B.无配偶

D4. 您所在企业所属的行业是：A.农、林、牧、渔业；B.采矿业；C.制造业；D.电力、热力、燃气及水生产和供应业；E.建筑业；F.批发和零售业；G.交通运输、仓储和邮政业；H.住宿和餐饮业；I.信息传输、软件和信息技术服务业；J.金融业；K.房地产业；L.租赁和商务服务业；M.科学研究和技术服务业；N.水利、环境和公共设施管理业；O.居民服务、修理和其他服务业；P.教育；Q.卫生和社会工作；R.文化、体育和娱乐业。

D5. 您企业创立的年限（　　）

A.1年以下　　B.1~3年　　C.3~5年　　D.5~8年　　E.8年以上

D6. 您企业的规模（　　）

A.1~10人　B.11~50人　C.51~100人　D.101~500人　E.501人以上

D7. 您家庭每月的生活支出（包括日常开销、房租房贷、养育子女、赡养老人等）占家庭每月收入的百分比____%。

A.20%及以下　B.21%~40%　C.41~60%　D.61~80%　E.80%以上

参考文献

［1］ 白凯，李建玲.国外关于创业者素质特征研究现状述评［J］.中国青年研究，2012（4）：80–83.

［2］ 鲍刚."过劳死"与日本的企业经营［J］.日本学刊，1993（02）：81–96.

［3］ 程极明.日本的"过劳死"［J］.世界经济与政治论坛，1991（08）：29–30.

［4］ 陈锐.员工过度疲劳的演化机理及其影响因素［J］.经营管理者，2010（16）：46–47.

［5］ 陈晓征，刘永梅.员工"过度劳动"的文化透视［J］.中外企业家，2010（8）：82–83.

［6］ 陈春霞.行为经济学和行为决策分析：一个综述［J］.经济问题探索，2008（1）：124–128.

［7］ 陈昀，贺远琼.创业认知研究现状探析与未来展望［J］.外国经济与管理，2012（12）：12–19.

［8］ 陈其进.风险偏好对创业选择的异质性影响——基于RUMIC 2009数据的实证研究［J］.人口与经济，2015（2）：78–86.

［9］ 陈震红，董俊武.创业决策中创业者风险行为的影响因素——国外研究框架综述［J］.国际经贸探索，2007，23（9）：74–78.

［10］ 陈叶烽.亲社会性行为及其社会偏好的分解［J］.经济研究，2009（12）：132–145.

［11］ 董志强，洪夏璇.行为劳动经济学研究进展［J］.经济学动态，2008（02）：84–88.

［12］ 董志强，洪夏璇.行为劳动经济学：行为经济学对劳动经济学的贡

献［J］.经济评论，2010（05）：132-138.

［13］ 高强，潘春阳，吴柏钧.个人创业回报问题的实证研究［J］.企业经济，2016（1）：101-106.

［14］ 丁厉，刘汇琳.女性劳动力市场理论研究——明塞尔《劳动供给研究》一书述评［J］.兰州商学院学报，2009，25（5）：117-123.

［15］ 胡延坤.经济新常态下创业与创新的政策性引导［J］.改革与战略，2017，33（06）：45-47.

［16］ 黄河，耿东，丑纪岳.疲劳蓄积度自测与过劳预防［J］.中国人力资源开发，2009（8）：35-37.

［17］ 何大安.行为经济人有限理性的实现程度［J］.中国社会科学，2004（4）：91-101.

［18］ 贺京同，那艺，董洁.个体行为动机与行为经济学［J］.济社会体制比较，2007（3）：12-18.

［19］ 霍娜，李超平.工作价值观的研究进展与展望［J］.心理科学进展，2009，17（4）：795-801.

［20］ 金家飞，徐姗，王艳霞.角色压力、工作家庭冲突和心理抑郁的中美比较——社会支持的调节作用［J］.心理学报，2014，46（08）：1144-1160.

［21］ 李海垒，宫燕明，张文新.创业人格研究述评［J］.心理科学进展，2012，20（3）：91-99.

［22］ 李宁，李论，李纪珍，等.创业者的压力、情绪与创业努力——基于体验抽样法的实证研究［J］.技术经济，2017，36（6）：46-52.

［23］ 李睿.前景理论研究综述［J］.社会科学论坛，2014（2）：214-222.

［24］ 李海垒，宫燕明，张文新.创业人格研究述评［J］.心理科学进展，2012，20（3）：91-99.

［25］ 梁巧转，孟瑶，刘炬，等.创业团队成员人格特质和工作价值观与创业绩效——基于创业导向的中介作用［J］.科学学与科学技术管理，2012，33（7）：171-180.

［26］ 梁强，罗英光，谢舜龙.基于资源拼凑理论的创业资源价值实现研

究与未来展望［J］.外国经济与管理，2013，35（5）.

［27］ 林莎，邓春玲.“经济人”利己与利他行为的理论分析［J］.社会科学战线，2005（6）：191–196.

［28］ 林嵩，贾贺棋，李静.创业者健康研究：现状分析及未来展望［J］.华东经济管理，2020，v.34;No.288（12）：124–134.

［29］ 林嵩，张帏，邱琼.创业过程的研究评述及发展动向［J］.南开管理评论，2004，7（3）.

［30］ 刘贝妮.高校教师为何累？——跨层次视角下我国高校教师过劳成因研究［J］.高教探索，2018，187（11）：114–121.

［31］ 刘景雄.超时工作的美国人［J］.决策与信息，2000（11）：46–47.

［32］ 刘畅.关于过度就业的文献综述［J］.管理观察，2009（25）：320–321.

［33］ 刘福垣.开创适度劳动研究的中国范式［J］.中国人力资源开发，2014（3）：3–3.

［34］ 刘依冉，杨俊，郝喜玲.创业认知：研究现状和展望［J］.现代管理科学，2014（12）：100–102.

［35］ 刘容志，郑超，赵君.创业者的身份内涵：研究述评与展望［J］.经济管理，2016（6）.

［36］ 吕保军.行为经济人的三个基本特征［J］.经济学家，2006，5（5）：12–18.

［37］ 孟续铎，杨河清.工作时间的演变模型及当代特征［J］.经济与管理研究，2012（12）：85–90.

［38］ 孟续铎，王欣.企业员工“过劳”现状及其影响因素的研究——基于“推—拉”模型的分析［J］.人口与经济，2014（3）：92–100

［39］ 牛芳，张玉利，杨俊.坚持还是放弃？基于前景理论的新生创业者承诺升级研究［J］.南开管理评论，2012，15（1）：131–141.

［40］ 彭泗清，李兰，等.中国企业家成长20年：能力、责任与精神——2013中国企业家队伍成长20年调查综合报告［J］.经济界，2014（2）：19–38.

［41］ 卿涛，纪义予.我国“过劳”研究评述与展望［J］.中国人力资源

开发，2015（13）：95–101.

［42］ 任玉珑，米旭明．创业投资生命周期决策方法研究［J］．中国软科学，2003（2）：136–139.

［43］ 任旭林，王重鸣．基于创业的承诺升级研究［J］．人类工效学，2006（2）．

［44］ 莎拉·托特，招嘉虹．倒班工人的健康问题［J］．现代职业安全，2015（7）：104–105.

［45］ 沈清．日本企业中的“杀手”——过劳死［J］．国际展望，1990（10）：26.

［46］ 孙国平．“过劳死”的比较法思考［J］．当代法学，2010，24（1）：121–132.

［47］ 田莉，张玉利．创业者的工作家庭冲突——基于角色转型的视角［J］．管理科学学报，2018（5）．

［48］ 吴杰．创业者高危：国企创业者健康调查［J］．国企，2013（05）：28–41.

［49］ 王艾青．过度劳动及其就业挤出效应分析［J］．华东理工大学学报：社会科学版，2006，21（4）：38–42.

［50］ 王玉帅，尹继东．创业者：定义的演化和重新界定［J］．科技进步与对策，2009（10）：142–146.

［51］ 王丹．我国劳动者过度劳动的评定及其实证研究［J］．经济经纬，2011（02）：86–90.

［52］ 王天芳，薛晓琳．疲劳自评量表［J］．中华中医药杂志，2009（3）：348–349.

［53］ 王素娟．JD–R模式下过度劳动的多维动态性形成与管理研究［J］．山东大学学报（哲学社会科学版），2012（4）：81–88.

［54］ 王欣．工作要求、工作资源对企业员工“过劳”的影响［J］．软科学，2016，30（6）：83–87.

［55］ 王欣．“过劳”的概念界定及分类特征研究［J］．中国劳动关系学院学报，2018，32（06）：53–59.

［56］ 王欣，杨河清．对企业中“强制自发性”员工“过劳”的研究

［J］.软科学，2016，30（10）：104-108.

［57］ 王晓文.激励的行为经济学进展及应用——基于“不平等厌恶”模型的分析［J］.东岳论丛，2014（01）：170-174.

［58］ 王秀峰.创业者行为研究文献综述——连接创业者个体因素与创业过程及结果［J］.科学学与科学技术管理，2016，37（08）：3-19.

［59］ 王晶，王小万.健康资本：人力资本理论的新拓展［J］.中国卫生经济，2008，27（5）：44-46.

［60］ 王春超，冯大威.中国城镇创业行为与收入溢价［J］.经济学动态，2018（4）.

［61］ 王唤明，若尘.利益相关者理论综述研究［J］.经济问题探索，2007（4）：11-14.

［62］ 王丽敏，韦福雷，王世权.利益相关者管理能力对创业的影响［J］.开放导报，2015（6）：84-87.

［63］ 王钦池.信号传递与信号均衡——关于信号理论的一个文献综述［J］.山西财经大学学报，2009（S2）：180-180.

［64］ 王勇.创业环境、风险态度与新生代农民工的创业倾向［J］.经济体制改革，2017（1）：67-75.

［65］ 王锦锦，汪思绮，罗卫东.时间偏好、跨期选择不一致及其神经基础［J］.南方经济，2017（9）.

［66］ 王登峰，崔红.中国人人格量表（QZPS）的编制过程与初步结果［J］.心理学报，2003，35（001）：127-136.

［67］ 汪翔，张平.创业者特质概念研究综述［J］.现代商贸工业，2014，26（13）：71-72.

［68］ 吴小菊，陈俊芳，符佳慧，李纾，梁竹苑.健康领域的跨期决策与健康行为［J］.心理科学进展，2020，28（11）：1926-1938.

［69］ 夏清华.从资源到能力：竞争优势战略的一个理论综述［J］.管理世界，2002（4）：109-114.

［70］ 西楠，彭剑锋，曹毅，李梦抒，李雨明，曹春辉.OKR是什么及为什么能提升团队绩效？——柔性导向绩效管理实践案例研究［J］.科学学与科学技术管理，2020，41（07）：116-138.

［71］ 杨河清，王欣. 中日“过劳”问题研究发展历程及特点比较——基于文献计量分析的结果［J］. 人口与经济，2016（2）：69–78.

［72］ 姚宏文，石琦，李英华. 我国城乡居民健康素养现状及对策［J］. 人口研究，2016，40（2）：88–97.

［73］ 叶德珠，王聪，李东辉. 行为经济学时间偏好理论研究进展［J］. 经济学动态2010（4）：101–105.

［74］ 于晓宇，孟晓彤，蔡莉，赵红丹. 创业与幸福感：研究综述与未来展望［J］. 外国经济与管理，2018，40（08）：30–44.

［75］ 曾忠禄，翟群，游旭群. 国内彩票购买者的有限理性行为研究［J］. 心理科学，2009（5）：1248–1251.

［76］ 曾照英，王重鸣. 关于我国创业者创业动机的调查分析［J］. 科技管理研究，2009（9）.

［77］ 祝大鸣. 日本人与“过劳死”［J］. 世界博览，1995（10）：50–51.

［78］ 钟爱国. 日本的“过劳死”症［J］. 职业与健康，1990（1）：33

［79］ 张春雨，张进辅，张苹平，等. 员工过劳现象的形成机理与管理方法——立足工作要求–资源模型的分析［J］. 中国人力资源开发，2010（9）：30–34.

［80］ 张剑，宋亚辉，叶岚. 工作激情研究：理论及实证［J］. 心理科学进展，2014，22（8）：1269–1281.

［81］ 张龙耀，杨军，张海宁. 金融发展、家庭创业与城乡居民收入——基于微观视角的经验分析［J］. 中国农村经济，2013（7）：47–57.

［82］ 张智勇. 加班态度对劳动者过劳程度的影响研究［J］. 生产力研究，2019No.324（07）：112–115.

［83］ 朱琪，赵艺婷. 实验劳动经济学：外延拓展与内涵深化［J］. 经济学动态，2015（11）：123–137.

［84］ 朱琪，肖巍沙. 行为工资理论研究评述［J］. 经济学动态，2011（7）：137–142.

［85］ 朱承亮，雷家骕. 中国创业研究70年：回顾与展望［J］. 中国软科学，2020（01）：11–20.

［86］ 周莹，王红，任衍具，胡晓红. 多特征融合的抑郁倾向识别方法

[J].计算机应用，2019，39（01）：168-175.

[87] 周业安.论偏好的微观结构[J].南方经济，2015（04）：109-118.

[88] 周永华，安剑.我国各省（市、区）创业环境评价分析[J].科技管理研究，2013（15）：233-237.

[89] 郑春梅，伊向仁，李元.健身锻炼对不同职业国民多维压力与心理健康影响的分析研究——以山东省不同职业人员为例[J].北京体育大学学报，2013，36（01）：73-78.

[90] 2013多名创业者过劳死 科技电商成重灾区[EB/OL].网易财经.2014-01-04.

[91] 专家称新闻工作者、创业者等三职业最易过劳死[EB/OL].网易新闻.2006-05-26.

[92] 2017年中国企业家健康指数分析报告[EB/OL].搜狐网.2017-12-10.

[93] 没有了李开复的创新工场[EB/OL].新浪科技.2013-06-05.

[94] 实际控股人突然离世 朗科陷入群龙无首的境况[EB/OL].搜狐网.2018-01-15.

[95] 中共中央 国务院印发《“健康中国2030”规划纲要》[EB/OL].中华人民共和国人民政府网.2006-10-25.

[96] [美]大卫 R·贾斯特.行为经济学原理[M].北京：机械工业出版社，2017.

[97] [美]杰弗里·M.伍德里奇.计量经济学导论[M].第4版.费剑平，译校.北京：中国人民大学出版社，2010：42

[98] [奥]路德维希·冯·米塞斯.人的行为[M].上海：上海社会科学院出版社，2015.

[99] [美]理查德·泰勒，王晋.“错误”的行为：行为经济学关于世界的思考，从个人到商业和社会[M].北京：中信出版集团，2016.

[100] [德]马克思.1844年经济学哲学手稿[M].中共中央马克思恩格斯列宁斯大林著作编译局，编译.北京：人民出版社，2008：9.

[101] [德]卡尔·马克思.资本论[M].徐靖喻，译.北京：煤炭工业

出版社，2016.

［102］孟续铎.劳动者过度劳动的成因研究：一般原理与中国经验［M］.北京：中国劳动社会保障出版社，2014.

［103］［英］麦迪森.世界经济千年史［M］北京：北京大学出版社，2003.

［104］［美］尼克·威尔金森.行为经济学［M］.北京：中国人民大学出版社，2012.

［105］国家发展和改革委员会.2019年中国大众创业万众创新发展报告［M］.北京：人民出版社.2020

［106］李开复.向死而生［M］.北京：中信出版社，2015：39.

［107］王丹. 中国知识工作者过度劳动问题研究［M］. 北京：首都经济贸易大学出版社，2011.

［108］汪丁丁.行为经济学要义［M］.上海：上海人民出版社，2015.

［109］文军.当代社会学理论：跨学科视野［M］.北京：中国人民大学出版社，2016.

［110］［美］威廉·博伊斯，迈克尔·梅尔文.经济学原理［M］.北京：中国人民大学出版社，2011.

［111］［英］约翰·凯恩斯著.就业、利息和货币通论［M］.汪继红，编译.北京：中国工人出版社，2016.

［112］朱建平.SPSS在统计分析中的应用［M］.北京：清华大学出版社.2007.

［113］李晓岚.我国过劳死法律问题研究［D］.河北经贸大学，2015.

［114］刘亮.企业家精神与区域经济增长［D］.复旦大学，2008

［115］孟续铎.劳动者过度劳动的成因研究［D］.2013.

［116］孙玲辉.工作价值观，家庭——工作冲突与工作投入的关系研究［D］.吉林大学，2012.

［117］王丹.我国知识工作者过度劳动的理论与实证研究［D］.首都经济贸易大学，2010.

［118］王欣. 过度劳动及其经济损失研究［D］. 首都经济贸易大学，2018

[119] 王刚.基于顾客资产构建企业竞争优势研究[D].南京理工大学，2005

[120] 吴迪.日本学者“过劳”问题研究述评[D].首都经济贸易大学，2013.

[121] 杨国良.创业自信结构的质性研究[D].西南大学，.2018

[122] 章泉.劳动供给理论及在中国的实证研究[D].2006.

[123] 张鑫.社会资本和融资能力对农民创业的影响研究[D].西南大学，2015.

[124] Adam Smith. Wealth of Nations，Book One[M].Modern Library.1776：Chapter VIII，paragraph 26.

[125] Aldrich H E，Martinez M A. Many are Called，But Few are Chosen：An Evolutionary Perspective for the Study of Entrepreneurship [M] // Entrepreneurship. Springer Berlin Heidelberg，2007：293-311.

[126] Harpaz I，Snir R. Heavy Work Investment[M].Routledge. 2014.

[127] See Ann &Scott Greer. Understanding Sociology [M]. Iowa，Wmc. Brown，1974.

[128] Harpaz I，Snir R. Heavy Work Investment[M].Routledge. 2014.

[129] White S B . The Entrepreneurial Process：Economic Growth，Men，Women，and Minorities [M] // The entrepreneurial function ：Prentice-Hall，1997.

[130] Gächter S. Behavioral Game Theory [M] // Behavioral game theory：Russell Sage Foundation ; 2003：229-236.

[131] Snir R ，Harpaz I . A general model of heavy work investment [M] // Heavy work investment：Its nature，sources，outcomes，and future Directions. 2014.

[132] Behrman JR. Health and economic growth：theory，evidence and policy [R]. World Health

[133] Arkes,H. R.,& Blumer，C.(1985). The psychology of sunk Cost [J]. Organizational Behavior and Human Decision Processes，35 (1)，124-140.

[134] Admin P A . Health of entrepreneurs versus employees in a national

representative sample [J] . Journal of Occupational & Organizational Psychology, 2011, 83 (3): 717–738.

[135] Aldrich H E, Cliff J E. The pervasive effects of family on entrepreneurship: toward a family embeddedness perspective [J] . Journal of Business Venturing, 2003, 18 (5): 573–596.

[136] Andreassen C S, Griffiths M D, Hetland J, et al. Development of a work addiction scale [J] . Scandinavian Journal of Psychology, 2012, 53 (3): 265–272.

[137] Bluedorn A C, Martin G. The time frames of entrepreneurs [J] . Journal of Business Venturing, 2008, 23 (1): 1–20.

[138] Baum, J. R., & Locke, E. A. (2004) . The relationship of entrepreneurial traits, skill, and motivation to subsequent venture growth [J] . Journal of Applied Psychology, 89, 587 - 598.

[139] Carlotto M S, Wendt G W, Lisboa C, et al. Predictors of work addiction in workers who use information and Communication technologies [J] . Temas Em Psicologia, 2014: 377–387.

[140] Cardon M S , Patel P C . Is Stress Worth it? Stress–Related Health and Wealth Trade–Offs for Entrepreneurs [J] . Applied Psychology, 2015.

[141] Dierdorff E C, Ellington J K. It's the nature of the work: Examining Behavior–based sources of work–family Conflict across occupations. [J]. Journal of Applied Psychology, 2008, 93 (4): 883.

[142] Demartino R, Barbato R. Differences Between women and men MBA entrepreneurs: exploring family flexibility and wealth Creation as Career motivators [J] . Journal of Business Venturing, 2003, 18 (6): 815–832.

[143] Dahl M S , Nielsen J , Mojtabai R . The effects of Becoming an entrepreneur on the use of psychotropics among entrepreneurs and their spouses [J] . Scandinavian Journal of Public Health, 2010, 38 (8): 857–863.

[144] Falk A , Fehr E . Why labour market experiments? [J] . Labour Economics, 2003, 10 (4): 399–406.

[145] Gergen K J, Morse S J, Bode K A. Overpaid or Overworked? Cognitive

and Behavioral Reactions to Inequitable Rewards [J] . Journal of Applied Social Psychology，2010，4（3）：259–274.

[146] Greta Mazzetti. Are Workaholics Born or Made? Relations of Workaholism with Person Characteristics and Overwork Climate [J] . International Journal of Stress Management.2014，21（3）：227 - 254

[147] Helen Tam. Characteristics of the underemployed and the over–employed in the UK [J] .Economic & Labor Market Review.2010，4（7）：8–20.

[148] Andreassen C S，Griffiths M D，Hetland J，et al. Development of a work addiction scale [J] . Scandinavian Journal of Psychology，2012，53（3）：265–272.

[149] Kahneman D，Tversky A. Prospect theory：An analysis of Decision under risk. [J] . Econometrica，1979，47（2）：263–291.

[150] Kuroda S，Yamamoto I. Why Do People Overwork at the Risk of Impairing Mental Health? [J] . Journal of Happiness Studies，2018：1–20.

[151] Lonnie Golden. How Long? The Historical，Economic and Cultural Factors Behind Working Hours and Overwork（Chapter 23 in R. Burke，ed. Research Companion to Working Time and Work Addiction，E. Elgar.）[J] . Schools & Disciplines，2006，17（6）：529–34.

[152] Maslach C，Schaufeli W B，Leiter M P. Job Burnout. [J] . Annual Review of Psychology，2001，52（1）：397–422.

[153] Mcqueen H. Killing Time：Alienation theories in an era of Chronic under–employment and over work [J] . Australian Centre for Industrial Relations Research & Training，2001，127（1 - 4）：308–313.

[154] Matlay H . Effectuation：Elements of Entrepreneurial Expertise [J] . Journal of Small Business & Enterprise Development，2008，15（3）.

[155] Mitchell R K，Busenitz L W，Bird B，et al. The Central Question in Entrepreneurial Cognition Research 2007 [J] . Entrepreneurship Theory & Practice，2010，31（1）：1–27.

[156] Matusik S F ，George J M ，Heeley M B . Values and judgment under uncertainty：evidence from venture Capitalist assessments of founders [J] .

Strategic Entrepreneurship Journal, 2010, 2 (2): 95–115.

[157] Rhoads J M. Overwork. [J]. Jama the Journal of the American Medical Association, 1977, 237 (24): 21–8.

[158] Rauch A. Let's Put the Person Back into Entrepreneurship Research: A Meta–Analysis on the Relationship Between Business Owners' Personality Traits, Business Creation, and Success Short Title: Meta–analysis on entrepreneurs' personality [J]. European Journal of Work & Organizational Psychology, 2007, 16 (4): 353–385.

[159] Schor J. Sustainable Consumption and work–time reduction [J]. Journal of Industrial Ecology, 2005 (9): 37–50.

[160] Steier L, Greenwood R. Entrepreneurship and the Evolution of Angel Financial Networks [J]. Organization Studies, 2000, 21 (1): 163–192.

[161] Shields M. Long working hours and health. [J]. Health Reports, 1999, 11 (2): 33.

[162] Timmons, JA..New Venture Creation.5th Edition, Irwin McGraw–Hill, 1999.

[163] Walter S G, Heinrichs S. Who Becomes an entrepreneur? A 30–years–review of individual–level research [J]. Journal of Small Business & Enterprise Development, 2013, 22 (2): 225–248.